Rainer Korn

Norwegen XXL

Für Jonas

D1666552

Rainer Korn

Norwegen XXL

Gezielt angeln auf Großfische

Müller
Rüschlikon

Impressum:

Einbandgestaltung:	Luis Dos Santos
Titelfoto:	Thomas Zylstra
Fotos:	Rainer Korn (wenn nicht anders angegeben)
Lektorat:	Frank Weissert

ISBN 978-3-275-01626-6

Copyright © 2007 by Müller Rüschlikon Verlag,
Postfach 103743, 70032 Stuttgart
Ein Unternehmen der Paul Pietsch Verlage GmbH & Co.
Lizenznehmer der bucheli Verlags AG, Baarerstraße 43, CH-6304 Zug.

Sie finden uns im Internet unter
www.mueller-rueschlikon.de

1. Auflage 2007

Innengestaltung:	NovoTec GmbH, 73765 Neuhausen
Druck & Bindung:	KoKo Produktionsservice, 70900 Ostrava
Printed in:	Czech Republic

Inhalt

Anbiss

Ein Fjord hoch oben im Norden Norwegens. Es ist April. Die Landschaft liegt noch unter einer dicken Schneedecke. Das Wasser im Meeresarm wirkt fast ölig, so kalt ist es. Vereinzelt treiben größere und kleinere Eisschollen im Wasser. Vom ins Meer kalbenden Gletscher brechen immer wieder Stücke ab, die teilweise sogar als Miniatureisberge umherdriften. Auf unserem Boot ist nach vier Angeltagen Ernüchterung eingekehrt: Auch ein absolutes Top-Revier zur allerbesten Zeit garantiert keine Dickfische. Wir sind auf der Jagd nach dem Riesendorsch, der alljährlich im Frühjahr diesen Fjord aufsuchen soll.

Sind wir zu spät dran? Oder zu früh? Haben wir es einfach nicht richtig gemacht? Zu tief gefischt, zu flach, in den falschen Ecken? Wir haben einige Fische gefangen, auch ein paar schöne Steinbeißer, aber die Dickdorsche, die machen sich rar. Noch ein Tag, dann geht's wieder mit dem Flieger nach Hause. »Und keinen Dorsch über zehn Pfund...«, denke ich für mich. Wie groß waren die Erwartungen bei allen 17 Reiseteilnehmern und bisher gab's keinen Fisch über 30 Pfund.

Mittagszeit. Ich schlage meinen beiden Bootskollegen vor, dass wir zum Essen rein fahren. Wir müssen dafür einmal den Fjord überqueren. Ich werde langsam fahren und wenn ich noch etwas Interessantes auf dem Echolot sehe, stoppen wir für einen letzten Versuch. Es wird tiefer: 70, 80, 100 Meter – schließlich 113 Meter. Da, plötzlich ein paar Sichelanzeigen auf dem Echolot-Display, nicht viele, vielleicht fünf, sechs, etwa zehn Meter über Grund in rund 100 Metern Tiefe. Ich gebe leicht Rückwärts, um das Boot auf dem Punkt zu stoppen. Die Kollegen hat das Jagdfieber gepackt. Denn einzelne Anzeigen bedeuten meist bessere Fische als etwa eine dichte Wolke, die eher auf einen Schwarm kleinerer Fische hinweist.

Als ich meinen 500 Gramm schweren Bergmannpilker mit einem darüber geschalteten roten Gummimakk zu Wasser lasse, sind die Kollegen bereits unten in der dunklen Tiefe angekommen. Sogleich haben beide Bisse. Sie beginnen zu pumpen. Nichts Kleines, aber auch nichts wirklich Großes. Schade, denke ich, das hätte jetzt schön gepasst. Mein Pilker tippt auf dem Grund auf. Ich kurbele einige Meter hoch. Da, ein Einstieg. Aber nein, was ist das denn? Es zuppelt so leicht an der 30-Pfund-Rute,

als hätte ich einen Hering gehakt. Ich höre frustriert auf einzukurbeln. Plötzlich gibt's einen mörderischen Schlag in meiner Rute. Rasch fasse ich sie fester. Holla!

Die Rute biegt sich im Halbkreis, gewaltige, wütende Schläge signalisieren mir: Da hat ein echter Kracher gebissen. Noch während ich versuche, die ersten Meter zu machen, erneut ein Schlag in die Rute und der Tanz beginnt jetzt erst richtig.

Kai, einer meiner Mitfahrer, mit dem ich auch die Bude teile, springt an Deck herum wie ein gedopter Schneehase. »Das ist er, das ist der Kapitale!« Ja, wir hatten uns wirklich bereits im Vorfeld ausgemalt, wie es sich wohl anfühlen würde, einen echten Dorschknaller zu drillen. Und nun hatte ich etwas verdammt Großes und Schweres am Haken – schnell stand mir trotz Eiseskälte Schweiß auf der Stirn. Die Wasseroberfläche liegt glatt da wie ein eisiger Spiegel, die Angellodge ist in Sichtweite.

Lange bevor wir irgendetwas Fischiges im kristallklaren Wasser zu Gesicht bekommen, steigt mit einem Mal ein gigantischer Blasenteppich an die Oberfläche. So sieht's in Filmen immer aus, wenn U-Boote auftauchen. Ich werde doch kein russisches Unterseeboot ... Ich verscheuche diesen schwachsinnigen Gedanken, konzentriere mich auf den Gegner. »Da, ich sehe was Weißes«, Kai fällt fast ins Wasser, so weit beugt er sich über die Bordwand, um den Fang zu sehen. Das ist wirklich was Massives, ein riesiger weißlicher Schatten taucht ganz langsam auf. Und dann, wenige Meter unter der Wasseroberfläche sehen wir sie: ja, tatsächlich, eine Dorsch-Dublette. Aber was für eine!

Der größere Bursche wird später 44 Pfund auf die Waage bringen, der kleinere noch 20. Mit vereinten Kräften werden die Dorschbrummer an Deck geholt. Und was hat der Große im Maul: Einen riesigen Hering, der noch zuckt. Das muss das leichte Ruckeln gewesen sein, das ich gespürt hatte. Und der kapitale Dorsch hatte sich diesen Riesenhering samt dem Pilker rein gezogen – der 20pfünder hatte sich am Gummimakk vergriffen.

Wir sind überglücklich. Hat es doch noch geklappt. Als wir endlich rein fahren, wartet bereits Dieter Eisele am Steg. Er und die anderen hatten von Land aus mitbekommen, dass wir etwas Größeres am Band gehabt hatten. Nun stehen Fotos auf dem Programm. Ich wiege den Fisch mit meiner Waage – bei 22 Kilo bleibt sie stehen.

Später (als der Fisch bereits gefroren war) stelle ich fest, dass meine extra für diesen Trip neu gekaufte Waage nur bis 22 Kilo anzeigen kann! Noch heute schwört Dieter Eisele Stein und Bein, dass dieser Dorsch weit über 50 Pfund gehabt hatte. Doch irgendwie war das auch egal: Die besonderen Umstände, die Dublette und einfach dieser gigantische Dorsch waren ein solches Erlebnis vor dieser großartigen Kulisse, dass ich diese Momente nie mehr vergessen werde.

Einmaliger Augenblick für den Norwegenangler: eine Dublette zweier kapitaler Dorsche an der Oberfläche.

Es war 1998, das Jahr, in dem mein erster Sohn geboren werden sollte. Das Revier war der Jøkelfjord – auch heute noch ein absolutes Spitzenrevier für Großdorsch. Der legendäre 81pfünder, gefangen von Carsten Dietze, wurde dort ebenfalls im Jahr 1998 auf die Schuppen gelegt (Die Story zu diesem Fang gibt's in diesem Buch). Er ist auf Messen präpariert zu sehen, bei Blitz-Pilker von Uwe Potschka. Auch mein 44pfünder tingelt

■ Der Riesendorsch des Autors aus dem nordnorwegischen Jøkelfjord.

seit Jahren über Messen und Shows: Die Präparatorin Anja Kempf zeigt ihn dort in voller Größe im Rahmen ihrer Ausstellungen. Wenn Sie ihn also da mal sehen, denken Sie zurück an diese Story, mit der ich dieses Buch übers Großfischangeln begonnen habe.

Dieser Dorsch hat seine ganz eigene Geschichte – wie jeder Kapitale, über dessen Fang Sie in diesem Buch lesen werden. Und ich verspreche Ihnen: Nach dieser Lektüre wird es Sie in den Fingern jucken, hinaus zu fahren aufs norwegische Meer, um sich mit den Riesen der See anzulegen und sich eine eigene, ganz persönliche Kapitalen-Geschichte fürs Leben zu schreiben.

■ Manchmal sind die Bedingungen auf der Großfischjagd alles andere als einfach: Im winterlichen Jøkelfjord blieben selbst 350-Gramm-Pilker schon mal auf der Eisdecke liegen ...

Was ist groß?

Tja, aber ab wann ist denn nun ein Fisch wirklich groß, dass er kapital zu nennen ist? Auch fürs Angeln scheint der Grundsatz Einsteins zu gelten: Alles ist relativ. Ich weiß zwar nicht, ob Old Albert Einstein geangelt hat – die Entdeckung der Relativitätstheorie war sicherlich eine ziemlich zeitaufwändige Sache – aber natürlich ist auch die Größe eines Fisches relativ.

■ Ein eindrucksvolles Foto sagt mehr als 1000 Wo
Dieser 22-Pfund-Köhler wurde passend
ins rechte Licht gerückt.

Ein Angler, der in 20 Jahren noch keinen Fisch über vier Kilo gefangen
hat, empfindet seinen ersten 15-pfündigen Seelachs als gewaltig – vor
allem, wenn man dabei bedenkt, wie unglaublich ein solcher Fisch
kämpft. Ein Big Gamer, der bereits ein Vierteljahrhundert lang der
1000-Pfund-Grenze schon oft ganz, ganz nahe war, denkt bei 15-Pfund-
Fischen eher an das Wort Köderfisch.

Übrigens gilt auch immer noch der alte, aber überaus zutreffende Spruch:
Der Fisch ist das einzige Lebewesen, das nach seinem Tod noch weiter
wächst. Und der Angler, der zumindest das kleine Anglerlatein nicht
beherrscht, kann doch kein richtiger Angler sein, oder?

Ich habe mir angewöhnt, ungewöhnlich große Fische einer Art zu vermes-
sen und zu wiegen. Angeln ist nun mal ein Hobby, das zu 90 Prozent von
Männern ausgeübt wird – und über deren Verhältnis zu wahrer Größe

wird ja oft genug gelächelt. Wer mit Gewichten und Längen prahlt, sollte zumindest also selbst wissen, was seine Beute tatsächlich auf Waage und Maßband gebracht hat. Ob er dann in späteren Erzählungen noch die Pfunde etwas aufrundet, sei ihm selbst überlassen. Aber in der Regel schätzt der Angler seinen Fang wesentlich größer ein, als dieser tatsächlich war. Angler, die dagegen regelmäßig ihre besseren Fische wiegen, können das wirkliche Gewicht oft sehr gut abschätzen. Auch hier eben alles eine Frage der Gewohnheit.

Kapital total

Natürlich gibt's auch für Fische absolute Werte in Sachen Größe. So können Sie für Norwegen zum Beispiel die Rekordliste des norwegischen Angelmagazins Villmarks Liv zu Rate ziehen, um Ihren Fang einzuordnen. Im Internet unter www.villmarksliv.no finden Sie dazu die aktuellen Rekorddaten aller relevanten Fischarten.

Da können Sie sofort feststellen, ob Ihr angeblicher Riesenhering tatsächlich das Zeug zum neuen norwegischen Rekord hat. Zugegeben: Rekordhalter des norwegischen Rekordherings zu sein, klingt vielleicht nicht wirklich sexy, aber es ist immerhin ein Anfang. Nebenbei bemerkt: Aktuell steht der Heringsrekord der Wikinger bei 0,72 Kilo – erbeutet von Terje Eriksen auf den Lofoten am 19. Juli 1977! Den zu knacken, ist nicht so einfach, wie es auf den ersten Blick aussieht.

Doch auch für die verschiedenen Fischarten gilt eben der Grundsatz der Relativität: Ein zehnpfündiger Rotbarsch ist kapital, ein ebenso schwerer Eishai ein Baby... Deswegen geht's in diesem Buch auch eben nicht um absolute Größe – dann dürften nur Heilbutt und Eishai (die beiden schwersten norwegischen Fischarten) drin vorkommen – sondern um die kapitalen Exemplare der einzelnen, anglerisch interessanten Fischarten und wie sie gezielt beangelt werden können. Manche Ratschläge sind sehr einfach zu befolgen, wie etwa Großleng erst ab einer Tiefe von 150 Metern gezielt zu befischen; andere schon schwieriger, wie die optimale Fressphase der Heilbutte herauszufinden.

Mit diesem Buch hoffe ich Ihnen einen kleinen Wegweiser an die Hand zu geben, einmal gezielt auf die Großen der norwegischen See zu fischen. Ich möchte Ihnen die Hilfestellung dazu geben – das Revier befischen, den Anhieb sicher setzen und den Kapitalen tatsächlich auch zu landen,

■ Die Internetseiten der norwegischen Angel- und Jagdzeitung Villmarks Liv – dort finden Sie auch die aktuelle Rekordliste der Salzwasserfische.

das bleibt Ihre Sache. Und nur, wer einen Großfisch wirklich ganz allein mit seiner persönlichen Bootscrew an Land gebracht hat, der wird das Gefühl erfahren, ein echter Kapitalenfänger zu sein.

Ich habe so viele gute Angler in Norwegen kennen gelernt, die wirklich etwas auf der Pfanne haben. Die sich ihre Fische suchen – und die dann auch fangen. Die sich über einen 10-pfündigen Lumb noch ehrlich freuen, obwohl sie bereits 20-Pfünder gefangen haben. Hut ab vor all denen, die riesige Fische bezwingen, aber aus Bescheidenheit nichts davon an die große Glocke hängen. Der große Fisch bleibt trotz alle dem die größte Legende unter uns Anglern.

Selbst ausgewiesene, Filets wiegende Kochtopfangler bleiben ehrfurchtsvoll vor einem 50pfündigen Seeteufel an der Waage stehen. Das breite Kreuz eines 25pfündigen Atlantikköhlers des offenen Meeres lässt keinen Angler kalt und der gewaltige Kopf eines 50pfündigen Dorsches jagt ein Schaudern über den Rücken. Großfische, egal ob 60-Pfund-Leng oder 10-Pfund-Rotbarsch, stellen für uns eine eigenartige Faszination dar. Man kann ihnen durch Guides und das Aufsuchen optimaler Reviere näher kommen, aber eine Garantie gibt's für Kapitale nie. Selbst die heraus ragenden Plätze und besten Wetterbedingungen bieten keine 100 Prozent für einen Großfisch.

Es gibt aber Wege, dem persönlichen Traumfisch, dem Fisch des Lebens näher zu kommen. Und diese Wege zeige ich Ihnen in diesem Buch auf. Dabei geht es mir persönlich nicht darum, immer und überall den Riesenfisch zu fangen. Wie viele von Ihnen wissen, bin ich auch ein ausgewiesener Freund guter und leckerer Fischküche. Und für die Küche eignen sich kleinere bis mittelgroße Fische am besten. Aber der Fang eines wirklich großen Fisches seiner Art stellt eine solche Faszination dar, der sich tatsächlich wohl kein wirklicher Angler entziehen kann.

■ Ein Seelachs von über 20 Pfund: von einem Angler mit der Spinnrute vom Ufer aus gefangen. Dazu gehört Erfahrung und anglerisches Geschick. Ein solcher glücklich gelandeter Fisch kann einem mehr bedeuten, als ein riesiger Kutterdorsch.

Und so lässt sich der letzte Satz eines großen Anglerromans, der es bis zur erfolgreichen Verfilmung mit Brad Pitt und Robert Redford gebracht hat, »Aus der Mitte entspringt ein Fluss«, etwas abwandeln und wir treffen den Reiz und die Magie, die dem Angeln innewohnt: »... und hoffen, dass ein *großer* Fisch erscheint«. Das Wort »großer« habe ich passend zum Thema dieses Buches zusätzlich eingesetzt ...

Ich wünsche Ihnen viel Freude am Wasser und eine glückliche Hand, einen wirklich großen Fisch zu erwischen.

■ Rainer Korn verbringt etliche Monate im Jahr in Norwegen –
oft hat er sein eigenes Boot No.1 im Schlepptau.

■ Norwegen: DAS Reiseziel für deutsche Meeresangler. Das Land mit seiner gigantischen Küstenlinie und den 100.000 Revieren birgt einen ungeheueren Fischreichtum – und viele kapitale Brocken!

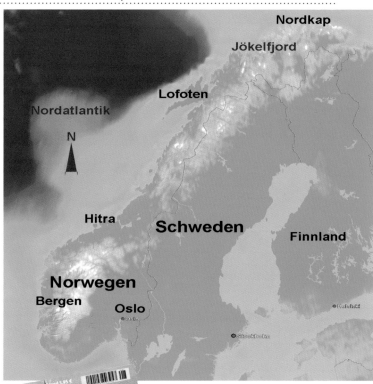

■ Der Fang eines wirklichen Knallerfisches schafft s⊂ die Möglichkeit, einmal im Leben die Titelseite eines⊃ großen Angelmagazins zu schmücken.

Heil Butt!

Auch den Meisterangler Sven Teege, der schon zahlreiche Titel auf der Ostsee einsammeln konnte, zieht es immer wieder ins Nordland. Auf einem Trip in den ganz hohen Norden legte er sich mit den Tischplatten der XXL-Größe an – erfolgreich.

Diese Woche wird Sven Teege wohl sein Leben lang nicht vergessen. Dabei erschien ihm anfangs eine Reisewoche für dieses nördliche Norwegenziel, das immerhin fast auf gleicher Höhe liegt wie die Nordkap-Insel Magerøy, als etwas kurz. Doch es sollte sich zeigen, dass manchmal auch eine Woche durchaus reichen kann, um gewaltig zuzuschlagen.

Sven und seine Mitstreiter hatten einen Kutter mit Kapitän für diese Woche gebucht und die ersten beide Tage ging's erfolgreich vor allem auf Dorsch und schöne Steinbeißer. Als Sven den Skipper Mika mal so gerade heraus auf die Möglichkeiten zum Heilbuttangeln ansprach, nickte dieser nur kurz, klar ginge das, wenn ihr das wünscht...

Und ob sie wünschten! Für den Skipper schien das ja nicht gerade etwas Ungewöhnliches zu sein, doch Sven blieb anfangs skeptisch. Was dann folgte, lässt sich mit Worten kaum beschreiben. Sie starteten ihren ersten von vier Tagestrips auf einem Plateau in rund 30 Metern Tiefe.

■ Sven Teege präsentiert stolz seinen 140-Pfund-Butt aus dem Trollsund bei Rolvsøya. Alle Fotos: Sven Teege

21

■ Mit diesem Kutter ging's für Sven Teege auf Großbutt.

Zuerst wurde mit Naturködersystemen gefischt, mit mäßigem Erfolg, auch wenn so die ersten Butts an Bord kamen. Sven stellte dann ab der zweiten Tour um und fischte den taumelnden Norwegen-Klassiker Svenske Pilk in 500 und 600 Gramm – zum Teil mit Fischfetzen von Lumb und Köhler garniert.

Ein Butt nach dem anderen konnte Sven haken – der größte nach drei Tagen immerhin stolze

■ Auf diesen Svenske Pilk fing Sven seine meisten Butte – auch den großen.

50 Pfund, doch auch ein 28- und 32-Pfünder konnten von dem glücklichen Angler auf die Planken gelegt werden.

Und dann kam sie, die Mega-Scholle, der Super-Butt, von dem alle Norwegenfahrer träumen. Sven hatte den Fischfetzen weg gelassen, pilkte also pur etwas über Grund. Plötzlich ein kurzer, heftiger Schlag. Sven war konzentriert bis in die Haarspitzen, hatten sich doch alle besseren Butts vorher auch mit solchen »Erstschlägen« gewaltig zu Wort gemeldet, um dann den Köder mit äußerster Brutalität zu packen. Und richtig: So war's auch dieses Mal.

Zum Glück war Sven auf die Attacke vorbereitet, denn die hatte es wirklich in sich. Ein rasanter Anbiss und sofort nach dem Anhieb, den Sven kaum zuende ausführen konnte, schoss der gehakte Butt in rasendem Tempo über Grund davon. 20, 30, 40, ja 50 Meter in einem Lauf, ohne Pause, ohne langsamer zu werden. Sofort war Sven klar, dass dieser Butt ein anderes Kaliber darstellte. Zeitweise hatte der erfahrene Angler das Gefühl, er könne dem Fisch kaum Paroli bieten. Das 30-Pfund-Gerät jedenfalls schien den Riesenbutt kaum zu beeindrucken. Doch irgendwann erlahmten auch die Kräfte dieses Fisches und Zentimeter für Zentimeter erkämpfte sich Sven Schnur auf die Rolle zurück.

■ Der Riesenflachmann war nicht der einzige schöne Butt für Sven auf der Tour.

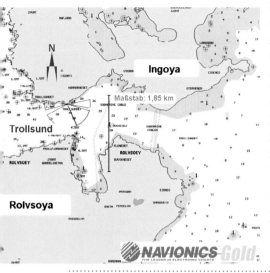

Dann tauchte er auf. Sven konnte ihn noch nicht sehen, aber seine Mitangler stöhnten auf: »Mein Gott, was für ein Fisch!«. Mit vier Mann zerrten sie den gegafften Brocken an Bord. Sven konnte sein Glück kaum fassen, ein 1,78 Meter langer Heilbutt lag besiegt zu seinen Füßen. Später an der Waage blieb diese exakt bei 140 Pfund hängen. Ein absoluter Traumbutt und die Krönung einer unglaublichen Heilbuttwoche im Norden Norwegens auf der Insel Rolvsøya.

■ Zwischen den Inseln Rolvsøya und Ingøya in Nordnorwegen liegt die Meerenge der Mega-Butte: der mittlerweile berühmte Trollsund.

■ In diesem typischen norwegischen Holzhaus waren Sven und seine Mitstreiter untergebracht.

■ Mit seinem Mega-B zierte Sven Teege die Jubiläumsausgabe vo KUTTER & KÜSTE N

Leng-Riese im März

Mittlerweile gelten Lengs von 40 Pfund nicht mehr als Ausnahmefische – zu viele wurden in vergangenen Jahren von Tiefseeanglern erbeutet. Die 60-Pfund-Marke fällt schon seltener und die 70 Pfund haben vielleicht eine Handvoll Angler bisher erreicht. Der bekannte Hitra-Guide Enrico Wyrwa ist einer von ihnen. Hier seine Geschichte.

Im Juli 2003 entdeckte und perfektionierte ich das Großlengangeln um Hitra für mich und testete in den darauf folgenden Monaten mal mehr mal weniger die einzelnen Hot Spots. Ich wollte einfach feststellen, ob die Plätze das ganze Jahr über »heiß« sind oder ob die Theorie der Laichwanderung stimmt. Bis zum Dezember klappte es dann auch tatsächlich jedes Mal mit dem Fisch über 40 Pfund. Im Januar und Februar hatte ich Urlaub vom Angeln. Umso größer war meine Aufregung bei der Rückkehr. Würden die Lengs jetzt, kurz vor dem Laichen, noch an den üblichen Stellen beißen?

Doch ich musste mich noch gedulden, die ersten Gäste kamen erst Anfang März. Bis dahin musste ich noch warten, da ich eigentlich keine Verwendung für so große Fische habe und aus Achtung vor der Kreatur gerade darauf sehr viel Wert lege. Am 8. März war es dann endlich soweit. Die gebuchte Guidingtour wurde erfolgreich absolviert und zum Abschluss ging es an eine der heißen Stellen.

Bei 170 Metern Tiefe wurde gestoppt und die bestückten Pilker rasten in Richtung Geröllfeld. Innerhalb von zehn Minuten kam dann auch der ersehnte Biss, wie gewohnt äußerst brachial. Die Rutenspitze beugte sich mit bestechender Direktheit in Richtung Wasseroberfläche, dass man eigentlich nur mitgehen konnte, ob man nun wollte oder nicht. Der normal übliche Anhieb erübrigte sich somit. Dann folgten die ersten rasanten Fluchten; vielleicht waren es zehn, vielleicht auch 20 Meter. Jedenfalls wurde in den ersten fünf Minuten des Drills ausschließlich die Rolle gefordert, da die Rutenaktion voll ausgereizt war. Härtere Spontanfluchten wurden von mir mit vehementem Hinterhergehen pariert und ich fügte mich in meine derzeitige Statistenrolle.

Es vergingen zehn Minuten, mein Gegner hatte bis hierhin jeglichen Versuch, ihn mal zehn oder 20 Meter vom Grund zu lösen, mit rabiaten Fluchten bestraft. Nun war ich das zwar aus vorangegangenen Drills gewohnt, aber dieses Tier versuchte es nun mittlerweile zum vierten Mal, mir meine gewonnenen Meter zu nehmen und er forderte dieses auch mit unbestechlichem Nachdruck ein. Die Erfahrung hatte mir gezeigt,

■ Enrico im hammerharten Drill mit dem Riesenleng.

dass die Weibchen deutlich kräftiger im Drill sind und so nahm ich mal an, dass diese Lady hier ganz besonders ihren eigenen Willen hatte (wie sich später herausstellte, sollte ich Recht behalten).

So langsam wurde ich doch nervös, denn die Drift ging bergauf, bekanntlich nicht die optimale Situation beim Drill von Grundfischarten. Dass es ein Leng war, stand außer Zweifel – zu typisch waren die langen Spontanfluchten und das ständige Einrollen in die Schnur. Fast war ich mir sicher, dass der Fisch wieder mal die 60 Pfund überschreiten würde.

Die mitangelnden Gäste hatten mittlerweile ihre Ruten dem nassen Element entnommen und warteten gespannt auf das, was folgen würde. Das kam mir ganz gelegen, so konnte ich das Boot gegen die Drift steuern, denn mittlerweile hatte auch ich mal wieder den Ehrgeiz, dass dieser Fisch unbedingt ins Boot sollte. Zudem drillte ich jetzt deutlich weicher und hatte die Bremse fast ganz geöffnet. Beim Pumpen bremste ich nur mit dem Daumen, so konnte ich jeder plötzlichen Flucht sofort freien Lauf geben.

■ Mit diesem 68-Pfünder hatte Enni schon einmal dicht an der 70-Pfund-Marke gekratzt.

Im Laufe der Zeit hatte ich nun schon 50 oder 60 Meter gewonnen und die Fluchten wurden merklich schwächer, dafür mehrten sich die von mir so verhassten Einzelschläge. Aber ich war dank offener Bremse gut gewappnet und außerdem höchst sensibel und konzentriert. Das Gewicht in der Rute beeindruckte mich doch mehr und mehr. So langsam begann ich zu hoffen, meinen bis dahin persönlichen Rekord von 63 Pfund höher zu schrauben.

Dann endlich die erste Erlösung: Der Fisch tauchte nach mittlerweile 35 Minuten Drill an der Oberfläche auf. Was für ein Tier: kleiner Kopf, massiver Körper, ein Weibchen! Ein Raunen ging übers Boot und es wurde zum Gaff gegriffen. Aber das wollte ich so nicht. Entkommen konnte sie wegen des Druckunterschieds, den sie nicht ausgleichen konnte, eh nicht mehr (leider), und ich bin da sehr eigen. Jeder Großfisch wird allein gelandet, sonst ist er als Fang für mich nur halb soviel wert.

■ In der Ferienhausanlage Kvenvær Sjøhusferie auf Hitra arbeitet Enrico als Betreuer und Guide.

Ich forderte die Bootsbesatzung daher auf, sich an eine Seite des Bootes zu begeben. Somit bekamen wir etwas Schlagseite und ich konnte den Fisch am Kiemendeckel greifen. Beim Reinheben (oder besser hieven) hatte ich dann so meine Problemchen und ich wurde noch hibbeliger.

Noch 35 Minuten Fahrt bis zum Wiegen! Nach einer (für mich) sehr lang erscheinenden Fotosession dann die Heimfahrt. So schnell es ging direkt an die Slipanlage unserer Fischerei. Der zuständige Fischer wurde instruiert, die geeichte Waage mit einer Kiste drauf auf Null zu stellen. Danach die Kiste rasch ins Boot und den Leng verladen. Gleichzeitig kletterte ich an der vorhandenen Leiter zur Wiegestelle rauf.

Dann war es soweit. Ich hoffte auf 32 Kilo, aber der Zeiger blieb nach zehnminütigem Pendeln (so kam es mir jedenfalls vor) bei 35,2 Kilo stehen – das waren 70,4 Pfund! Ich sackte einfach nur zusammen und war glücklich. Gleichzeitig begann ich zu grübeln: Wie schwer werden diese Tiere wirklich? Die 30-Kilo-Marke wurde oft gebrochen, wann kommt die 40? Überglücklich, aber schon mit neuer Herausforderung vor Augen, ging es in die Kneipe zum würdigen Begießen dieses wunderschönen Tieres.

Enrico Wyrwa

Er gilt als erfolgreichster Guide Hitras mit den spektakulärsten Fangerfolgen – besonders was Großleng angeht. Enrico Wyrwa, geboren 1973 in Rüdersdorf bei Berlin, lebt seit April 2002 auf Hitra. Im Nordwesten der berühmten Insel, in Kvenvaer, betreut er die Angelanlage Kvenvaer Sjøhusferie und arbeitet dort auch als Guide. Seine freundliche, hilfsbereite und offene Art schätzen mittlerweile viele Gäste – und natürlich seine Kenntnisse in Sachen Fisch vor der Nordwestküste Hitras bis nordwestlich Frøyas. Enrico lebt mit seiner Lebensgefährtin in Kvenvaer und hat zwei Söhne.

Kontakt: Tel. (0047) 93 86 13 86; E-Mail: enrico@hitra.com

■ Enrico mit einem früheren 60pfünder, der ebenfalls auf einen mit einem Köhler beköderten schweren Stabpilker gebissen hatte.

Der Sekunden-Butt

Manchmal sitze ich eine Woche auf dem Boot beim Heilbuttfischen, ohne auch nur einen echten Heilbuttbiss zu bekommen. Doch es gibt auch andere Tage ... von so einem berichte ich hier.

Es war ein wunderschöner Tag am Wasser, kaum Wind, blauer Himmel. Sogar die Sonne wärmte uns schon Ende April vor der Insel Hitra. Mein Angelfreund Basti und ich hatten uns einen für Schollen verdächtigen Platz an der Nordspitze der kleinen Insel Leksa auf der Seekarte herausgesucht. Den wollten wir nun befischen. Doch eine starke Strömung machte das leichte Angeln auf Butt unmöglich.

Gleichzeitig entdeckten wir, dass dieser Platz auch ein hervorragendes Revier für Heilbutt darstellen musste. Wir beschlossen erst einmal ins Tiefe zu fahren, um auf Lumb und Leng zu angeln und später wieder für einen Versuch auf Heilbutt zurück zu kommen. Gesagt, getan. Wir fischten den ganzen Tag tief bis 240 Meter, aber leider ließen sich die Grundräuber bitten. Nur zwei mittelstarke Lumbs lagen in der Kiste – kein besonders tolles Ergebnis für einen langen Angeltag im Tiefen.

In der tiefsten Rinne hatte ich zum krönenden Abschluss dann noch etwas Merkwürdiges gehakt. Ein altes Geisternetz vielleicht, ein Tau – wer weiß. Auf alle Fälle ließ sich dieser Gegenstand, der kein Fisch war, unter größten Mühen hoch pumpen. Obwohl das nahezu unmöglich schien, ein solcher Druck herrschte auf dem Gerät. Mein Rücken begann zu schmerzen. Wenn du unten am Grund festhängst, dann kannst du wenigstens die Schnur abreißen – aber wenn der gehakte Gegenstand mit nach oben kommt, wenn auch nur unter äußersten Mühen, dann macht es wirklich keinen großen Spaß.

Ich schloss irgendwann die Bremse, klemmte mich am Boot ein und bat Basti, das Boot langsam in Gang zu setzen. Vielleicht konnten wir dieses komische Ding an die Oberfläche schleppen. Abschneiden wollte ich auch nicht, da bestimmt 300 Meter draußen waren und ich so viel Schnur nicht verlieren wollte. Ich glaubte, mein Rücken würde zerbrechen, aber endlich zeigte die Schnur im flachen Winkel zur Wasseroberfläche. Doch als das »Ding« schon fast hätte zu sehen sein müssen, riss die enorm unter

Spannung stehende Schnur dann doch. Wir werden es nie erfahren, was das gewesen ist. Basti schwor Stein und Bein, dass es irgendein riesiger Fisch gewesen sein müsste – ein Eishai vielleicht oder ein gewaltiger Seeteufel. Fische, die an der Angel nur Gewicht bieten, aber keinen Kampf mit wilden Fluchten.

Wie auch immer – die Schnur war durch und mein Rücken auch. Die Frühlingssonne schickte sich langsam an, sich in Richtung Horizont zu verabschieden, es herrschte Stauniedrigwasser, also der niedrigste Wasserstand kurz vorm Wechsel zum auflaufenden Wasser. Wir fuhren zu der Stelle, die wir am Morgen entdeckt hatten und wollten hier einen letzten Versuch des Tages starten – dieses Mal auf Heilbutt.

■ An der Südspitze der kleinen Nachbarinsel Hitras, Leksa, probierten es Rainer Korn und Basti Rose auf Heilbutt.

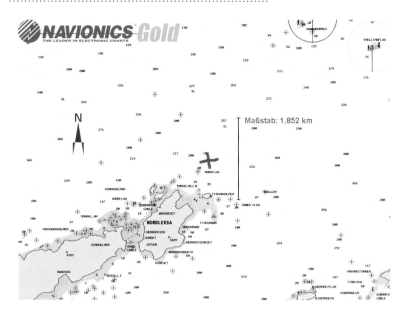

Hier hatten wir es noch nie versucht, aber die Gegebenheiten wirkten einfach nur gut. Ich knotete sorgfältig einen neuen Karabinerwirbel an die geflochtene Hauptschnur und nahm eines meiner Naturködersysteme aus der Tasche. Beide Haken beköderte ich mit Flatterheringen – unsere Topköder für Butt. Ich ließ die Montage 90 Meter in die Tiefe bis zum Sandgrund, klinkte die Sicherungsleine in die Multi und stellte die Rute an die Bordwand. Denn eines hatte ich mir garantiert verdient: ein gekühltes Feierabendbierchen beim Angelabschluss des Tages!

Doch bevor ich das Bier öffnen konnte, gab es einen heftigen Schlag in der Rute. Gut, dass ich sie gesichert hatte! Stille. Rasch griff ich die Rute und stellte mich hin – gespannt bis in die Zehenspitzen. Denn wir kannten das typische Beißverhalten der Butte. Erst eine harte Attacke auf den Köder, dann für einen Moment Ruhe, bis das endgültige Fressen des Köders erfolgte. Wir hatten es sogar schon einmal beim Fischen mit vier Ruten erlebt, dass ein Butt erst die ganz rechte Angel angriff, dann die äußere Linke und schließlich nacheinander noch die beiden in der Mitte. Dann herrschte wieder für einen Moment lang Ruhe, bis er schließlich an der Rute hing, an der er zuerst angebissen hatte. Basti konnte den unentschlossenen Heilbutt doch noch haken und erfolgreich landen. Er war mit 15 Pfund zwar kein Riese, aber hatte doch dieses typische Beiß-verhalten gezeigt – und das sogar an vier Ruten hintereinander!

Was würde nun bei mir geschehen? Es waren keine drei Sekunden nach der ersten brachialen Attacke ver-gangen, als eine gewaltige Kraft ohne einen Augenblick des Zögerns meine Rute zur Wasseroberfläche zwang. Ich stemmte mich gegen den unheimlichen Zug, Zeit für einen ordentlichen Anhieb hatte ich gar nicht mehr, mit einem solchen Tempo donnerte der Heilbutt – und dass es einer war stand für mich außer Frage – urplötzlich los. Die Bremse begann aufzuheulen, die 30-Pfund-Rute bil-dete einen perfekten Halbkreis. Was für ein furioser Anfang eines Drills!

■ Direkt nach dem Fang wuchtete Rainer Korn die Tischplatte für ein Foto glücklich nach oben.

Der Fisch raste über Grund unterm Boot durch, so dass ich blitzschnell Richtung Bug stolperte, damit die Schnur nicht am Kiel scheuerte. So drillte ich nun auf der anderen Bootsseite weiter. Es herrschte so gut wie keine Strömung – das Wasser stand ja zwischen Ebbe und Flut. Mein Rücken meldete sich wieder – ach ja, der »Drill« dieses merkwürdigen Dinges von vorhin hatte seine Spuren hinterlassen.

Ich hatte mich glücklicherweise mit einem Rückengurt in die Ösen der Penn International 20 T eingeklinkt – ohne diesen Gurt und den Gimbal hätte ich den Drill wahrscheinlich nicht überstanden. Basti bot sich bereits freundlich an, den Fisch mal zu übernehmen, wenn ich nicht mehr konnte. Danke! Da lasse ich mir lieber den Rücken brechen, bevor ich diesen Fisch abgebe, schoss es mir durch den Kopf und ich drillte eisern weiter. Mir war klar: Dieser Butt gehörte in eine andere Liga – die Größe konnte ich schlecht abschätzen. Ich hoffte inbrünstig, er möge die 50 Pfund erreichen – und dass ich ihn ins Boot bekommen würde.

Mein Gegner befand sich noch etwa zehn Meter unter der Wasseroberfläche – ein ganz heikler Moment beim Buttangeln. Denn nimmt der Fisch das helle Tageslicht wahr, mobilisiert er alle Kräfte und schießt wieder davon. Das kannte ich auch schon von den kleineren Butten aus Norwegen und den Großen aus Kanada, die ich bereits gefangen hatte. Die Bremse muss darauf eingestellt sein – und natürlich der Angler auch! Auch dieser Butt verhielt sich typisch: Er zog erneut unwiderstehlich in die

Tiefe, die Spule meiner Multi bekam langsam einen Drehwurm. Zwei Mal wiederholte sich dieses Spielchen: Zwei Mal hatte ich den Butt kurz vor der Wasseroberfläche, beide Male zog er wieder bis zum Grund in immer noch 90 Metern Tiefe.

■ Auf Rainer Korns Naturködersystem Norwegen hatte sich der große Fisch nur Sekunden nach dem Auftreffen der Montage auf dem Grund gestürzt.

Basti hatte mittlerweile das Boot für die Landung aufgeklart. Nichts lag herum, über das wir stolpern konnten, die Heilbuttharpune stand bereit mit aufgesetzter Spitze, das große V4A-Gaff, eine Spezialanfertigung eines befreundeten Schmieds, und schließlich noch unser großer Kescher mit Vollmetallbügel warteten auf ihren Einsatz. Basti hatte noch nie die Harpune eingesetzt. Ich erklärte ihm genau, wo er den Butt treffen müsste – auf Höhe der Brustflosse. Er sollte auf mein Kommando warten und nicht zu früh agieren. Ich würde versuchen, den Fisch in die beste Landeposition zu bugsieren.

Dann erschien ein riesiger Schatten unterm Boot. Mein Herz blieb einen Augenblick lang stehen und ich zählte still bis drei. Wir konnten den Fisch im klaren Wasser des Nordatlantiks deutlich sehen – ein starker Butt, der konnte gut 50 Pfund auf die Waage bringen. Jetzt nur keinen Fehler machen. Wo verdammt saß der Haken? Das sah gut aus, der Haken steckte fest im Kiefer, die Spitze hing frei. Also hing der Fisch im Hakenbogen – optimal!

Ganz wichtig bei der Landung eines Heilbutts (egal wie groß er ist): Möglichst niemals den Kopf des Fisches an der Schnur aus dem Wasser heben. Dann reagiert der Butt mit Panik, fängt an sich wie verrückt zu schütteln und geht oft genau in diesem Augenblick verloren, weil der Haken heraus geschlagen wird. Also gab ich mit meinem Zug ein ganz klein wenig nach, damit sich der Butt in die Horizontale legte, was er auch brav tat. Nun lag er vor uns, ganz ruhig, in seiner ganzen Länge und Pracht, direkt vorm Boot, etwa zehn Zentimeter unter der Wasseroberfläche.

»Jetzt!« rief ich Basti zu. Er umfasste die Harpune fester, visierte sein Ziel an und stieß mit einer solchen Wucht zu, dass ich glaubte, er wollte den Heilbutt gleich wieder am Grund festnageln! Doch alles ging gut. Basti zog den Harpunenstab zurück, das Spitzenteil setzte sich quer gegen die Unterseite des Fisches. Mit der Leine, die an der Spitze hing, hatten wir den Butt gesichert. Er schien ausgedrillt und machte keinerlei Anstalten für eine weitere Flucht. Ich griff zum Gaff und trieb es dem Butt durchs Maul. Zusammen mit Basti wuchtete ich den nun heftig schlagenden Fisch über die Bordwand ins Boot.

Da lag er nun, mein wahr gewordener Traum eines großen Heilbutts. Der hatte locker 50 Pfund, das war mir sofort klar. Ich hatte meine Wunschmarke also tatsächlich erreicht, wenn nicht sogar deutlich übertroffen.

Basti und ich fielen uns in die Arme – so einen Moment zusammen als Angelfreunde zu erleben, es gibt kaum etwas Größeres – das kann wohl nur ein echter Angler verstehen.

Im selben Augenblick, die Sonne ging gerade blutrot am Horizont unter, tauchte eine Orca-Herde von sechs Tieren keine 100 Meter vor uns im glatten Wasser auf. Was für Momente ... Und ein ungeöffnetes Feier-Bier hatte ich auch noch ... Später an Land blieb der Zeiger der geeichten Fischwaage bei exakt 60 Pfund stehen. Ich konnte mein Glück kaum fassen.

1,40 Meter war der Butt lang. Es hatte nur Sekunden gedauert, vom Ablegen der Rute bis zur ersten Attacke. Auch das ist Angeln – und macht es so unwiderstehlich, so unvorhersehbar und einmalig.

■ An der geeichten Waages des Fischers Andreas Veltrup wurde der Butt exakt gewo

■ Als Köder hatte Rainer einen so genannten Flatterhering eingesetzt.

Der Dorsch-Gigant

Einen Dorsch von 40 Pfund zu fangen, ist schon ein irres Erlebnis, ein 50-Pfünder sensationell, aber ein 80-Pfünder? Einfach gigantisch! Dem Angler Carsten Dietze gelang 1998 ein solcher Ausnahmefang. Hier ist seine Geschichte ...

Es ist der 21. April 1998. Hoch oben im Norden Norwegens, 200 Kilometer südwestlich des Nordkaps, herrscht noch eisiger Winter. Kristallklare Luft, Schnee, so weit das Auge reicht – und ganz tief drinnen im Jökelfjord, vor der riesigen Gletscherzunge, die Hunderte von Metern überm Wasser fast drohend über den Köpfen ragt, ein kleines Motorboot mit vier deutschen Anglern. Eine Bootsrute biegt sich beängstigend unter einer gewaltigen Last. Die spiegelglatte Wasseroberfläche wird von Luftblasen, groß wie Fußbälle, die von weit unten aus der Tiefe des Fjords nach oben gelangen, durchbrochen. Ein Blasenteppich, der von einem riesigen Fisch stammt, den Carsten Dietze aus Wittenberg an seinem Blitz-Pilker hängen hat – das ist auch seinen Mitstreitern im Boot bald klar.

■ Im winterlichen Jøkelfjord lauern wahre Dorschgiganten auf die Pilker der Angler.

Es ist nicht das erste Mal, dass der damals 32jährige Glas- und Gebäudereiniger hier oben auf der Jagd nach Riesenfischen Station macht. Schon fünf Mal war Carsten Dietze vorher hoch oben im Norden gewesen. Sein größter Fang bis dahin: ein Dorsch von 28 Pfund. Doch der versierte Karpfenangler, den es immer wieder in dieses salzige Revier der Dicken zieht, weiß natürlich, wie groß Dorsche im Jökelfjord werden können: Von Fischen der Berufsfischer um 100 Pfund wird gemunkelt, 50 bis 60pfünder sind immer drin.

Zusammen mit 18 angelbegeisterten Kollegen aus Deutschland hält sich Carsten für eine Woche in einem gemütlichen Angelzentrum direkt am Fjord auf. Chris Stein, gebürtiger Kölner, ist schon seit vielen Jahren den Reizen des Nordens verfallen und verwaltet diese Angler-Lodge, zu der Uwe Potschka, der heutige Produzent der legendären Blitz-Pilker, zahlreiche Touren mit Anglern unternommen hatte.

Eigentlich hatte dieser Angeltag schlecht begonnen: wenig Fische, kaum Anzeigen auf dem Echolot-Display. »Wenn's gar nicht beißt, ist das nicht gerade motivierend«, beschreibt Carsten die Gefühle der Angler im Boot. »Jetzt werde ich euch mal motivieren«, rief er seinen Mitstreitern zu. Und dann das! Nicht mal zwei Minuten nach seinem Ausspruch dieser gewaltige Widerstand am anderen Ende, in knapp 100 Metern Wassertiefe, »als hätte ich einen Wal gehakt«.

Immer wieder reißt ihm der Fisch zig Meter der geflochtenen 20-Kilo-Schnur von der Multirolle. Nach zehn Minuten hängt der Brocken noch immer wie festgenagelt unten am Grund. Selbst im Mittelwasser geht der Riese immer wieder auf Tauchfahrt zum Boden. Endlich, nach einer halben Stunde hammerharten Drills, taucht etwas großes Weißes unterm Boot im kristallklaren Wasser auf. Was für ein Fisch! Die Nerven der Angler sind zum Zerreißen gespannt: dass er bloß nicht noch verloren geht!

Jetzt wird's hektisch, zwei Gaffs landen sicher im Ziel. Mit diesen stählernen Haken sowie beherztem Kiemengriff gelingt die Landung des Riesendorsches. Alle sind geschafft, aber glücklich. Über 70 Pfund lauten die ersten Schätzungen der Angler. Zurück an der Anlage dann der Hammer: Bei 81 Pfund bleibt der Zeiger der Waage stehen. Das ist nicht nur gigantisch, sondern sogar neuer norwegischer Rekord! Exakt um drei Kilo hat Carsten Dietze den damals sechs Jahre alten Rekord überboten. Der Norwegenfan mit Leib und Seele kann sein Glück kaum fassen.

Die weiteren Traummaße seines Superfisches: 1,47 Meter lang, 110 Zentimeter Bauchumfang.

In jener Woche wurden übrigens noch ein 40pfünder sowie etliche Dorsche jenseits der 20 Pfund von der Gruppe gefangen. Carsten Dietze aber wird diesen Tag und diese Tour sein Leben lang nicht mehr vergessen. Seit der Wende 1990 ist er begeisterter Meeresangler, mit sechs Jahren begann er zu angeln – aber so etwas hatte er noch nicht erlebt! Und oft passiert es ihm, während er die Augen kurz schließt, dass er wieder diesen riesigen Blasenteppich sieht – mitten auf einem spiegelglatten Fjord, umrahmt von weißen Bergen, hoch oben im Norden, wo die Sonne im Sommer nicht mehr untergeht und Anglerträume wahr werden.

Anmerkung: Aufgrund eines Formfehlers wurde der Riesendorsch von Carsten Dietze leider nicht von offizieller norwegischer Seite als neuer Rekorddorsch anerkannt. Den hält noch immer der Norweger Geir Henriksen mit seinem Dorschbrummer aus Sørøya von 75 Pfund – gefangen am 20. März 1992.

■ Ein unglaublicher Dorsch: 81 Pfund. Bei dem Foto sollte man dazu sagen, dass Carsten Dietze ein gestandener Mann von knapp zwei Metern ist! Foto: privat

■ Der ins Meer
kalbende Gletscher a
Ende des Fjordes.

■ Seekartenausschnitt
vom hinteren Jøkelfjord.
Die Fangstellen
des 81-Pfünders und
Rainer Korns 64-Pfund-
Dublette sind mit roten
Kreuzen markiert.

Lumbs aus dem Eis

Manchmal sind es wirklich merkwürdige Umstände, die erstaunlicher-weise zu überragenden Fangergebnissen führen. Auf einer unglaublichen Tour, bei 15 Grad Minus im Januar, 24 Stunden an Bord eines Schiffes in Südnorwegen im Langesund, mit lauter durchgeknallten Tiefseexperten und Angeltiefen bis 500 Meter! Doch es sollte ein Trip der Superlative werden, der sogar einer großen norwegischen Tageszeitung die Titelseite wert war.

Kragerø Hafen, Südnorwegen, Mitte Januar, 7 Uhr morgens. Wir blicken etwas schlaftrunken auf die mit Eis überzogene Bucht. Skipper Thoralf begrüßt uns an Bord seiner M/B Skatøy. »Mal schauen, ob wir durchs Eis kommen«, brummelt er auf Englisch und startet die Maschine. Auch der betagte Diesel schüttelt sich, als wunderte er sich über diesen Aktionismus mitten im norwegischen Winter bei Minusgraden, die irgendwo weit ent-fernt von der Null liegen. Ich ziehe den Reißverschluss meines Overalls so hoch wie möglich. Ohne Wollmütze wären mir wahrscheinlich bereits heute morgen die Ohren abgefallen. An Bord rumort es schon. Stig, ein norwegi-scher Tiefsee-Spezialist, sowie der niederländische Meeres-Profi Harm Nuis bauen Ruten und Rollen auf, kontrollieren Vorfächer und die Bleivorräte.

■ Die Skatøy bricht sich durchs Eis des Hafenbeckens. Die Eisfahrt beginnt ...

Andreas Veltrup, Pionier der Tiefseeangelei vor Hitra, und ich wollten diesen Trip ins winterliche Südnorwegen vor allem deswegen unternehmen, um einmal Experten über die Schulter zu schauen, wie in extremen Tiefen bis zu 500 Metern am besten geangelt wird. Denn zu diesem Zeitpunkt, der Trip liegt schon einige Jahre zurück, steckte das gezielte Tiefseefischen auf Leng und Lumb vor Hitra in den Babyschuhen. Fische über 20 Pfund waren Ausnahmeexemplare und in Tiefen über 250 Meter wagten sich nur wenige Angler vor.

Das Zentrum der norwegischen Tiefseeangelei hieß noch nicht Hitra, sondern Langesund in Südnorwegen. Der Norweger Stig hatte sich auf dieses extreme Fischen spezialisiert. Nicht nur Leng und Lumb standen auf seinem Wunschzettel, sondern auch die unheimlichen und unbekannten Riesen der norwegischen Tiefsee: Eishaie!

Der Skipper Thoralf war eigentlich Hotelier in Kragerø, die Angeltouren mit seiner Skatøy hatten mehr Hobbycharakter und auch die seemännischen Fähigkeiten des Skippers hielten, um es vorsichtig zu formulieren, professionellen Kapitänstandards nicht unbedingt stand... Was uns Tiefsee-Greenhorns anging: Nun, wir wussten eigentlich gar nicht so genau, was uns erwartete. Es sollte auf Eishai gehen, in erster Linie, und die Angeltiefe könnte bis zu 500 Metern ausfallen.

Stig und Harm wollten am Rand der norwegischen Rinne fischen, die hier vor Kragerø langsam ausläuft und flacher wird. Zwischen Dänemark und Norwegen erreicht diese Rinne immerhin Tiefen von bis zu 700 Metern! Ich hatte angesichts dieser Tiefen eine Penn Super Mariner 49L bis an den Rand mit 0,25 Millimeter starker Geflochtener gefüllt. An Elektrorollen war zu dieser Zeit in Europa nicht einmal zu denken. Die ersten gewaltigen E-Rollen wurden gerade von Japanern ausprobiert. Andreas vertraute einer alten Penn Senator, ebenfalls bis zum Anschlag mit Geflochtener gefüllt. Für Köderfische und 1,5-Kilo-Bleie war gesorgt, Paternoster-Montagen hatten wir bereits zuhause gebunden.

Für uns war es ein Trip ins Blaue: Wir wussten nicht, was uns erwartete, noch wie das Angeln vonstatten ging. Das einzige, was wir wussten: 7 Uhr Abfahrt, angeln bis 500 Meter Tiefe, mit dem Versuch, Eishaie zu fangen. Das war nicht wirklich viel an Information. Und dass wir an gnadenlose Tiefseefanatiker geraten waren, sollte sich auch erst viele Stunden später auf See zeigen ...

Ankern in 500 Metern

Wie ein Eisbrecher schob sich die stählerne Skatøy auf die Eisfläche und ließ das Eis durch ihr schieres Gewicht bersten. Als wir die Hafenbucht verließen, hörte das Eis auf. Kleine Wellen kündeten von wenig Wind – gute Bedingungen zum Tiefseefischen. Nach drei Stunden Fahrzeit hatten wir das vermeintliche Eishaigebiet erreicht.

Die Ankerprozedur begann. Einen Anker in 500 Metern Tiefe so zu platzieren, dass das Schiff auch nachher wirklich da lag, wo es liegen sollte, ist ein kompliziertes Unterfangen. Über ein Kilometer Ankerleine wartete im Bauch des Schiffes auf seinen Einsatz. Gut eine halbe Stunde dauerte es, bis der Skipper und Stig zufrieden waren. Es konnte losgehen.

Wir köderten Heringe und Makrelen an die Montagen. Beim Absinken greift die Strömung nach den Schnüren und verpasst ihr riesige Schnurbögen unter Wasser. Thoralf weist uns an, nach 40, 50 Metern den Daumen auf die Spule zu legen und das Ablassen zu unterbrechen. So zieht das schwere Blei die Bögen aus der Schnur und wir haben später sicheren Grundkontakt. Lässt man das Blei fast unkontrolliert nach unten rauschen, würden die Schnurbögen bewirken, dass zwar das Blei am Grund ankommt, wir aber keinen direkten Kontakt zu Blei und Köder erhalten – weil eben die Schnurbögen eine feine Kontrolle unmöglich machen.

Und die Bisse der Eishaie sind sehr vorsichtig. Überhaupt trägt der Eishai den Beinamen »Der Schlafende« treffend auf Lateinisch in seinem Namen. Warum werde ich an diesem Tag noch selber herausfinden.

Stigs 50-Pfund-Rute krümmt sich schon bald unter einer schweren Last. Er hat seinen Harness angelegt und pumpt dadurch den Fisch hauptsächlich über seine kräftige Rückenmuskulatur und seine Beinkraft. Zurück in Deutschland lege ich mir sofort einen solchen Rückengurt zum Einhängen in die Multirollen zu. Er soll ein sehr wichtiges Utensil meiner zukünftigen Tiefseeangel-Ausrüstung werden.

Es dauert eine halbe Ewigkeit, bis der Fisch an die Oberfläche kommt. Es ist tatsächlich ein Eishai – der erste, den ich live sehe. Für einen Fisch, der über 2.000 Kilo schwer werden kann, ist er mit geschätzten 60 Pfund eher ein kleines Exemplar. Aber es verhält sich mit Eishaien ähnlich wie mit Heilbutten: Erst einmal einen fangen! Dann können wir über die Größe reden ...

Der Fisch wird außenbords abgehakt und wieder in sein Element, die Tiefsee, zurückgelassen. Nähme man diesen Fisch an Bord, etwa für ein Foto, würde er ohne den Auftrieb des Wassers von seinem eigenen Gewicht erdrückt. An Bord kommen lediglich Rekordhaie, erklärt mir Stig, dem trotz arktischer Kälte der Schweiß von der Stirn läuft. Der absolute Rekord steht bei gigantischen 775 Kilo – gefangen von Terje Nordtvedt am 18. Oktober 1987 im Beistadfjord. »Diese Marke zu knacken dürfte schwer fallen«, merkt Stig noch an. Deswegen spezialisieren sie sich auf die so genannten Schnurklassenrekorde. Das bedeutet, mit möglichst leichten Schnüren einen großen Eishai zu fangen.

Wenig später kann ich mich selbst davon überzeugen, dass die Worte Kämpfer und Eishai nicht unbedingt in einem Atemzug genannt werden müssen. Der Fisch verhält sich eher wie ein nasser Sack – zwar wie ein enorm großer nasser Sack – aber eben wie ein Sack. Keine Fluchten, auch das Schütteln mit dem Kopf, durch die dehnungslose Geflochtene selbst aus dieser gewaltigen Tiefe ohne Verlust übertragen, gleicht eher einem müden Nicken.

Nach sechs Eishaien bis zu 70 Pfund beschließen Stig, Harm und der Skipper abzubrechen. Mit so vielen Haien hatten Andreas und ich wirklich nicht gerechnet, gilt der Fang eines Eishais in Norwegen doch als überaus heikel und selten. Hut ab vor den Jungs – sie hatten genau das richtige Revier getroffen.

Den Anker aus dieser ungeheuren Tiefe wieder sicher nach oben zu bekommen, ist nur mit einem riskanten Manöver zu bewerkstelligen. Eine große Boje treibt über dem Ankerplatz. Der Kapitän gibt volle Fahrt. Die Boje soll dafür sorgen, dass der Anker möglichst senkrecht nach oben gezogen wird. Wenn das Manöver gelingt, hängt der Anker unter der Boje und kann dann ohne Probleme über eine Winsch langsam eingeholt werden.

Wie gesagt, es ist ein sehr heikles Manöver – hat sich der Anker beispielsweise im Grund verhakt, was man vorher nicht wissen kann, prallen zwei gewaltige Kräfte aufeinander: das Vollgas fahrende Schiff und die Kraft des festsitzenden Ankers. Da kann sich jeder leicht ausmalen, was alles passieren kann. Ein Kollege von mir hat dies auf der Skatøy später selbst erlebt: Die Leine verfing sich während des Anfahrens in der Reling. Wo er eben noch gemütlich dran gelehnt hatte, das hing Sekunden später weit überm Meer ...

Es ist bereits später Nachmittag, erste Hungergefühle machen sich bemerkbar – unsere zwei Schnittchen, die wir uns als Proviant mitgenommen hatten, sind längst gegessen. Die Vorräte an Essbarem und Getränken sind bei nahezu Null angekommen. Na ja, denken wir, nicht so schlimm. Jetzt geht's rein. Da wartet ein nettes Pils und lecker Essen. Aber manchmal ist denken eben Glückssache – und heute haben wir kein Glück in dieser Hinsicht.

Auf der Anfahrt zu den Haiplätzen hatte Stig nämlich etwas auf dem Echolot entdeckt. Eine kleine Senke, die auf 390 Meter abfällt. Jetzt im Januar vermutet der Norweger dort Lumb – wir wollen einen Versuch starten, erklärt er uns. Mal sehen, ob was geht. Wieder wird geankert. Bald surren die Spulen der Multis erneut los und die mit Fisch bestückten Systeme rauschen Richtung Grund. Nur noch 390 Meter, witzeln wir, das ist ja Flachwasserangeln. Jetzt im Januar senkt sich die Wintersonne bereits frühzeitig dem Horizont entgegen. Blutrot steht sie knapp über dem Wasser, ein sternenklarer Himmel lässt die Temperaturen noch tiefer in den Keller rutschen. Erste Erschöpfungs-Erscheinungen machen sich bemerkbar. Ich sehne mich nach dem gemütlichen und warmen Apartment, einer heißen Dusche und einer warmen Mahlzeit. Es bleibt beim Sehnen …

Doch schon bald sind Dusche, Apartment und Essen fürs erste vergessen: Heftiges Ruckeln in der Rute signalisiert erste Bisse. Hat Stig mit seinem Fischriecher richtig gelegen? Tatsächlich: Schon kommt der erste Lumb an die Oberfläche – aber was für einer! Über 20 Pfund wiegt der Bursche. Für einen Lumb absolut kapital. Und nun geht's Schlag auf Schlag. Bisse im Minutentakt. Auch ich kämpfe mit

▪ 25 Pfund Lumb aus 390 Metern Tiefe
– der Autor mit seinem Prachtfisch.

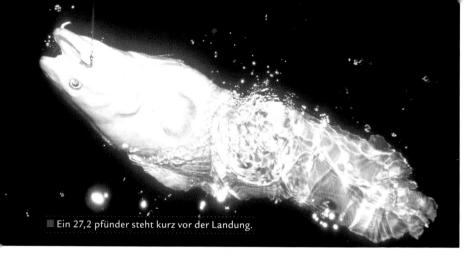

■ Ein 27,2 pfünder steht kurz vor der Landung.

meinem ersten Tiefseelumb. Doch einen kapitalen Fisch aus knapp 400 Metern manuell nach oben zu pumpen, ist alles andere als ein kurzes Spiel. Nach 200 Metern meine ich, nicht mehr kurbeln zu können. Doch ich kann ja schlecht einfach in der Mitte aufhören! Und außerdem: Ich will natürlich den Fisch sehen, den ich da die ganze Zeit hoch drehe.

Dass es ein größerer Bursche ist, habe ich bereits beim Anhieb gemerkt: Die Rute verneigte sich tief Richtung Wasseroberfläche und der Widerstand war kolossal. Die letzten 100 Meter - so in etwa jedenfalls ... Plötzlich hängt die Schnur durch. Nein, das gibt's doch nicht! Ausgestiegen - der Fisch ist weg. Und das nach 20 Minuten Drillzeit. Plötzlich aber Rufe von der Steuerbordseite. „Hier ist ein großer Fisch hochgekommen! Wir gaffen ihn - Schnur frei geben!".

Nichts lieber als das. Auf den letzten 30 Metern war der Fisch durch den Druckunterschied aufgetrieben (ein Phänomen, das Naturköderangler oft erleben). Weil sich das Schiff trotz Ankerleine immer etliche Meter durch die Strömung bewegt, kann es halt passieren, dass ein größerer Brocken eben auf der anderen Bootsseite an die Oberfläche kommt. Und genau das ist nun hier geschehen. Harm kommt strahlend mit einem riesigen Lumb im Arm aufs Achterdeck, auf dem ich völlig ausgelaugt vom anstrengenden Drill stehe. Er drückt mir den Kapitalen in die Arme und gratuliert. Was für ein Riese! 25 Pfund zeigt die Waage wenig später an. Für einen Lumb ein wahrhaftes Traumgewicht. Und es soll nicht der einzige bleiben. Mehrere kapitale Fische können wir noch landen. Mein zweitgrößter bringt auch immerhin noch 22 Pfund auf die Waage. Doch irgendwann ist man einfach fertig.

Die Minusgrade bewegen sich mehr Richtung 20 Grad minus als Richtung 10, an Bord gibt's kaum eine Möglichkeit des Ausruhens (der Kapitän hat es sich im engen, aber warmen Maschinenraum mehr oder weniger gemütlich gemacht) und Getränke sowie etwas Essbares sind schon lange aus. Es wird langsam echt ungemütlich, die Müdigkeit lässt einen trotz Super-Overalls die Eiseskälte spüren – sie dringt langsam, aber unaufhaltsam bis unter die Haut. Wir wollen nur nach Hause.

Das Deck liegt voller Riesenlumbs, aber Stig und Harm fischen weiter wie besessen: Sie treibt noch etwas anderes an, als nur große Fische zu fangen – ihre Schnurklassen-Rekorde. Außerdem scheint es heute sogar möglich, eventuell den bestehenden Lumbrekord von 32,6 Pfund, aufgestellt vom Osloer Fredrik Amdal am 26. April 1998 hier im Langesund, noch zu brechen.

Uns geht die Rekordjagd an der Rute vorbei. Deshalb spüren wir die Kälte und späte Stunde (es geht mittlerweile auf 3 Uhr morgens zu!) wohl so viel intensiver als unsere Tiefseekollegen aus Norwegen und den Niederlanden. Doch der Rekord soll auch an diesem Tage nicht fallen, obwohl wir mit einigen Fischen sehr dicht dran liegen. Endlich haben Stig und Harm ein Einsehen und beschließen, die Heimfahrt anzutreten.

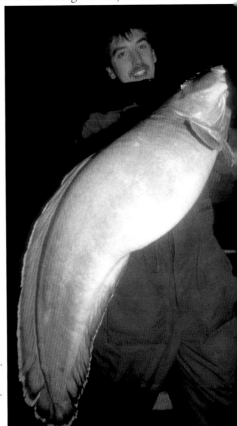

Gegen 8 Uhr morgens laufen wir im vereisten Kragerø ein. Die dicken Lumbs füllen einen ganzen Anhänger.

Ein Journalist einer großen norwegischen Tageszeitung schießt Bilder vom Fang und den Fängern – am nächsten Tag sollen wir uns als Titelgeschichte auf der ersten Seite wieder finden. Wie sehne ich mich nach meinem Bett im Apartment. Ich kann es kaum fassen, endlich die Bettdecke über den geschafften Körper ziehen zu dürfen – einfach herrlich!

■ Andreas Veltrup mit einem Riesenlumb, der aus der eisigen Tiefe kam.

Am Nachmittag werden wir die gefrorenen Fische noch filetieren – mangels ausreichend Platz im Filetierhaus draußen im Schnee. Damit findet eine denkwürdige Angeltour einen passenden Abschluss (auf den ich aber gut hätte verzichten können). Thoralf versöhnt uns am Abend: Er lässt ein fürstliches Essen in seinem Restaurant springen, mit Bier auf Kosten des Hauses (in Norwegen wohlgemerkt!). Auf der Speisekarte steht Lumbfilet in Rotwein gedünstet.

■ Ein Hänger voller Riesenlumbs: Wann hat man so etwas schon mal gesehen?

Schlussbemerkung: Diese Tour liegt nun schon einige Jahre zurück – trotz Superfänge vor allem um Hitra konnte der Lumbrekord von 32,6 Pfund aus dem Langesund noch immer nicht geknackt werden. Die Tiefseefischerei im Langesund ist nicht mehr so ergiebig wie noch vor einigen Jahren, trotzdem lassen sich auf geführten Touren mit Kleinkuttern noch immer sehr gute Lengfänge vor allem im Winter und Frühjahr machen – durchaus mit der Chance auch auf Kapitale.

Der Riese vom Kap

Im Kampf mit einem Riesenbutt zu stehen – nichts wünscht sich ein Norwegenfahrer sehnlichster. Thomas »Zylle« Zylstra hat im äußersten Norden einen der flachen Riesen gehakt und einen abenteuerlichen Drill erlebt.

Anfang August geht für meine Freunde Bert, Georg (noch nie in Norwegen gewesen) und Christian die Tour los. Sie fahren ab Kleve mit meinem Sprinter und dem ganzen Angelequipment für neun Leute Richtung Norden. Sie werden für die Tour bis Alta rund drei Tage brauchen. Drei Tage später fliegen wir verbliebenen sechs endlich los.

Da ich die Insel Magerøya auch nur in den letzten Jahren von den Wintermonaten her kenne, bin ich gespannt, wie es jetzt im Sommer dort aussieht (ich soll nicht enttäuscht werden). Ich bin froh, als ich die drei Gesichter nach unserer Landung in Alta wiedersehe. Der Urlaub kann beginnen. Obwohl hier oben im Norden die Bäume kleiner bleiben und es am Nordkap gar keine mehr gibt, ist die Landschaft hier absolut Atem beraubend. Jetzt sieht man auch jede Menge Rentiere, die uns teilweise den Weg versperren. Hätten sie gewusst, dass eines von ihnen bald bei uns als Gulasch auf dem Tisch landet, wären sie bestimmt weggelaufen ...

■ Nordnorwegen: Faszination pur – und Heimat riesiger Fische.

Die letzten Kilometer fahren wir durch eine Wand voll Nebel, um dann an der Küste von einer traumhaften Mitternachtssonne empfangen zu werden. Die anderen gehen schnell zu Bett, ich sitze jedoch noch lange am Steg und genieße es einfach, wieder hier zu sein.

In den ersten drei Tagen erleben wir eine wunderbare Fischerei. Wir fangen Dorsche bis zu 15 Kilo. Einige Heilbutte gehen uns auch an die Haken. Auch die Forellengewässer testen wir. Wir fangen in den teils unberührten Hochlandseen schöne Forellen, die aber leider sehr kleinwüchsig sind. Am vierten Tag geht's mit Skipper Johnny aufs Meer. Es ist bewölkt und windig, aber wir können fischen. Wir fangen schöne Dorsche, als ich mich irgendwann umdrehe und sehe, wie Christian schwer am Pumpen ist. Er hat etwas Großes gehakt, denn er drillt schon seit zehn Minuten. Immer wieder zieht der Fisch zum Grund. Das kann nur ein Heilbutt sein, denke ich mir. Leider verliert Christian diesen Fisch nach weiteren zehn Minuten.

Wir fahren erneut auf See. Es ist einmal mehr fast windstill, die Sonne scheint – T-Shirt-Wetter. Was will man mehr? Wir fahren auf die Stelle, an der Christian den großen Fisch verloren hat. Auf dieser Stelle stehen heute wieder eine Unmenge von Fischen. Unter uns wimmelt es von Millionen und Abermillionen Mini-Seelachsen, Dorschen und so weiter. Die Dorsche, die wir fangen, haben die Mäuler voll mit Seenadeln, die ihnen sogar aus den Kiemen wieder herauskommen.

Wir sind heute erneut bei Ebbe herausgefahren, das heißt, die Flut kommt – und hier am Ausgang eines großen Fjordes herrscht nun extreme Strömung. Mein Pilker ist am Grund. Sofort habe ich einen kleinen Fisch gehakt. Ich lasse die Montage noch am Grund, in der Hoffnung auf einen größeren Überbeißer. Nichts tut sich. Als ich den kleinen Dorsch dann an der Wasseroberfläche habe, kommt plötzlich ein Heilbutt (wir schätzen ihn auf etwa 40 Kilo) hinter dem Pilker her geschossen. Wahnsinn!!! Alle versuchen noch, den Platten zu haken, aber so schnell er da war, so schnell ist er auch wieder verschwunden.

Zehn Minuten später das gleiche Szenario: Wieder hake ich einen kleinen Fisch. Ich hole ihn hoch. Auf meiner digitalen Multirolle stehen noch 20 Meter, als plötzlich ein Schlag durch meine Rute geht. Ich weiß sofort: Das ist einer von den Großen! Bis der Heilbutt merkt, dass er am Haken hängt, vergehen bestimmt zwei Sekunden, in denen ich es noch schaffe, die Bremse ein wenig zu lockern. Was dann folgt, ist eine rasante Flucht von 300 Metern!

Ich rufe unserem Bootsführer Johnny zu, er soll den Rückwärtsgang einlegen. Es dauert eine ganze Zeit, bis ich merke, dass wir rückwärts fahren. Inzwischen hat mir der Butt nochmals rund 100 Meter von der Rolle gerissen. Es ist ein gutes Gefühl, jetzt wieder etwas Schnur auf meine Rolle zurück zu gewinnen. Insgesamt fahren wir dem Fisch aber bestimmt nochmals einen halben Kilometer hinterher.

Es vergeht einiges an Zeit, bis wir über dem Fisch stehen. Hier ist es etwa 80 bis 100 Meter tief und der Butt steht felsenfest am Grund. Nach dieser ersten großen Flucht versuche ich, die Bremskraft etwas zu erhöhen, was jedoch mit der nächsten Flucht quittiert wird. Wenn in dieser Phase irgendetwas nicht funktioniert, ist so ein Fisch verloren. Was man bei einem Kleineren vielleicht noch durch die Rute abfangen kann, würde hier direkt zum Schnurbruch führen. Die Minuten vergehen, bis ich den Fisch auf 80 Meter herangedrillt habe. Noch eine rasende Flucht und 150 Meter Leine sind wieder weg von meiner Multi. Ich fische mit einer Shimano-Multi 20-30 lb mit Zählwerk, der ich alles abverlange.

Gedanken schießen mir jetzt durch den Kopf. Wie sitzt der Haken? Wie sind die Knoten? Hast du vor der Ausfahrt alles noch mal überprüft? Zwischendurch verspreche ich meinen Freunden und Mitstreitern, wenn ich den herausbekomme, dann gebe ich so richtig einen aus – selbst wenn wir im teuren Norwegen sind.

Nach der dritten Flucht bekomme ich den Fisch endlich etwas näher – denke ich. Die digitale Anzeige steht auf Null. Ich rufe zu Richard, der die ganze Sache filmt, er müsse den Fisch doch schon sehen, so klein kann er doch nicht sein. Doch die Geflochtene hat sich in diesem hammerharten Drill so fest aufgespult, dass wahrscheinlich noch mindestens 30 Meter draußen sind. Im gleichen Moment reißt er mir wieder 70 Meter von der Rolle. Doch so langsam werden die Fluchten kürzer.

Dann, auf einmal, das Unfassbare: Die Schnur hängt plötzlich schlaff durch! Ich schreie Sch....!!! Dieses Gefühl, welches mich in diesem Moment wie ein Blitzschlag durchstößt, brauche ich wohl nicht näher zu erklären. Aber dann: Nein, alles ist unbegründet. Der Heilbutt hat sich nur gedreht, er ist noch am Haken! Petri sei Dank!

Mittlerweile drille ich schon über eine Stunde. Immer wieder reißt der Fisch die gewonnenen Meter von meiner Multirolle, aber lange nicht mehr so vehement wie am Anfang. Nach weiteren 20 Minuten kommt der Fisch langsam immer höher. Bei 20 Metern merke ich zum ersten Mal, dass ich diesen Kampf tatsächlich gewinnen kann.

Zum ersten Mal können Richard und Johnny den Fisch sehen. Die Stimmung, die jetzt herrscht, man kann die Luft fast schneiden, super! Absolut irre Situation! Jetzt geht es nur noch mit Teamwork. Der riesige Butt ist an der Oberfläche. In einer waghalsigen Aktion setzt Johnny einen Haken ins Maul. Jetzt weiß ich, wir haben ihn! Ein lauter Jubelschrei geht über meine Lippen. Aber noch ist der Heilbutt nicht im Boot. Richard, der die ganze Zeit gefilmt hat, muss jetzt mit anpacken. Alleine hat Johnny keine Chance, den Heilbutt über die Reling zu hieven. Auch ich habe meine Rute mittlerweile Stefan gegeben und packe mit an. Ein wildes Durcheinander herrscht an Bord. Gaff, Handgaff – mit vereinten Kräften gleitet der gewaltige Fisch dann endlich ins Boot. Wir liegen uns in den Armen. Ein Traum ist wahr geworden.

Es wird immer geschrieben, dass die großen Heilbutte wie wild im Boot um sich schlagen. Das gilt aber wahrscheinlich nur für Tiere, die nicht mit der Angel ausgedrillt wurden. Dieser hier liegt im wahrsten Sinne des Wortes völlig platt an Bord. Ich bin froh, dass unser Boot etwas größer ist. Was wäre, wenn wir diesen Heilbutt mit einem 5-Meter Boot bei Wellengang gehakt hätten. Zu diesem Problem wäre es dann zwei Tage später fast gekommen. Zunächst aber fahren wir zurück in den Hafen. Der Heilbutt hat eine Länge von 180 Zentimetern und wiegt 150 Pfund.

Natürlich überlegen wir, was wir nun mit der Menge an Fisch tun sollen. Allen Kritikern zum Trotz. Johnny, der Norweger, bekommt Kopf, Bauch und Schwanz. Für uns bleiben noch 50 Kilo Filet, welches wir auf elf Personen aufteilen können, wodurch sich die Menge schnell relativiert. Es kommt, was kommen muss. Wer Versprechungen gibt, muss sie auch einhalten. Ich wusste aber nicht, wie viele norwegische Freunde ich doch habe. Es wurde ein sehr teurer Abend.

Gegen 20 Uhr fahren Uwe, Richard und Christian noch mal aufs Meer. Sie sind mit dem kleinen Boot unterwegs. Gegen 21 Uhr bekommen wir einen Anruf von Uwe mit den Worten: »Richard hat auch einen gehakt«. Zuerst glaube ich, Uwe verkohlt mich, aber als ich die kreischende E-Rolle von

Richard durchs Handy höre, glaube ich ihnen. Wahnsinn, in einer Woche ist es schon der dritte große Heilbutt, den wir haken können. Sofort rennen Willy und ich mit der Videokamera bestückt zum Boot.

Als wir nach einiger Zeit an der Stelle sind, wo wir sie vermuten – nichts!! Ich versuche, die Drei wieder über Handy zu erreichen. Der Heilbutt hat das Boot schon einige Zeit hinter sich hergeschleppt und so entdecken wir sie mit Lichtzeichen gute zwei bis drei Kilometer weiter draußen. Als wir dann endlich zu ihnen stoßen – es ist bestimmt schon über eine Stunde vergangen – ist die Freude um so größer, dass alles stimmt, was die Drei am Handy erzählten.

Die See ist wieder spiegelglatt. Ich nehme alles auf Video auf. Wieder ist es dieses klasse Gefühl – die Spannung, die uns alle in ihren Bann zieht. Ich mache mir mittlerweile Gedanken, wie wir diesen Fisch wohl bändigen werden. Auf jeden Fall haben wir alles Wichtige dabei. Dieser Fisch ist bis jetzt noch nicht einmal oben gewesen.

Dann höre ich nur noch: »Er ist ab!«. Totenstille! Die komplette Montage ist noch dran. Dieses Mal hat der Fisch den Kampf gewonnen und ist einfach ausgestiegen. Richard sagt nur: »Neuer Tag, neues Glück!«

Trotz dieses verlorenen Riesenfisches: Es war wieder einmal traumhaft schön. Ich glaube, sagen zu dürfen, dass wir hier am Nordkap ein tolles Gebiet für wirklich große Heilbutte gefunden haben. Es liegt am Ausgang eines großen Fjordes, hat eine starke Strömung und es ist maximal 70 Meter tief. Es gibt hier einige Hot Spots, mit einem ungeheuer großen Fischaufkommen. Untiefen, die von 10 auf 70 Meter abfallen, und die bei Gezeitenwechsel aufkommende starke Strömung sorgen für ein interessantes Angelgebiet.

Es wurde schon viel über den Fang von Heilbutten berichtet. Ich glaube, dass man sie tatsächlich nur da gezielt befischen kann, wo sie auch jagen und fressen. Wir haben in den zehn Tagen mehrere Heilbutte bis acht Kilo gefangen, drei große Heilbutte haken können, einen von 40 Kilo haben wir gesehen – einen von 150 Pfund haben wir landen können.

Kontakt zu Zylle Tours: Thomas Zylstra;
E-Mail: info@zylle-fishingtours.de Internet: www.zylle-fishingtours.de

Faszination Großdorsch

Der große Dorsch hat Menschen schon immer fasziniert. Der Fang des skrei, des Laichdorschs, in Nordnorwegen zieht noch heute alljährlich tausende Fischer in seinen Bann. Für uns Angler erscheint der große Dorsch von über 40 Pfund als eine Art Mythos: Wohl jeder wünscht sich, einmal einen solchen Brocken auf die Planken legen zu dürfen.

»Der Fisch, der die Welt veränderte«, so schrieb es jedenfalls Mark Kurlansky in seinem Bestseller »Kabeljau«. Von Kriegen spricht er da, die wegen des Dorschfangs angezettelt wurden, von Eroberungen und Städtebau – alles im Namen oder besser wegen des Dorsches. Für uns Angler besitzt er ebenfalls eine große Bedeutung. Und obwohl es sicherlich Fische gibt, die besser schmecken als er, die kampfstärker an der Angel sind:

■ Ein großer Dorsch ist der Traumfang eines jedes Norwegenfahrers.
Foto: Sven Teege

Wer einen kapitalen Dorsch an den Bootssteg schleppt, ist sich der Hochachtung der versammelten Angler gewiss. Vielleicht ist es zum Teil dieser riesige Schädel bei großen Dorschen, vornehmlich bei Sommerdorschen, sowie die Leopardenzeichnung des Körpers – wer weiß, auf jeden Fall kann sich wohl kein Norwegenfahrer der Faszination dieses Fischs entziehen.

Der Dorsch ist ein ausgewiesener Schwarmfisch. Sehr große Exemplare neigen auch zum Einzelgängertum, sind aber oft in kleinen Trupps ähnlich großer Fische unterwegs. Man unterscheidet vor allem zwischen ziehenden Dorschen, die zum Teil tausende Kilometer zurücklegen und Standdorschen, die ihr Leben oft in nur einem Fjord und dort sogar nur in begrenzten Gebieten verbringen.

Großdorschangler interessieren vor allem die Zugdorsche. Denn hier sind die kapitalen Exemplare zu erwarten. Dabei gibt es zwei verschiedene Züge: die berühmten Laichzüge im März/April sowie die Fresszüge, die sich an riesigen Schwärmen von Beutefischen wie Heringen oder kleinen Seelachsen orientieren.

Während der Fang von Laichdorschen in der Ostsee in der Vergangenheit zurecht auf immer größere Kritik gestoßen ist, weil die Bestände aufgrund der kommerziellen Überfischung zusammenzubrechen drohen, so gilt das für den nordatlantischen Dorsch in dieser Form nicht. Die Norweger haben bereits vor Jahren rigorose Fangquoten festgelegt, Ruhezeiten eingeführt und kontrollieren sehr intensiv ihre Gewässer. Die Folge sind relativ gute Bestände, wie mir auch der Fischereiwissenschaftler Dr. Rainer Froese von der Kieler Universität in einem Interview, das ich für KUTTER & KÜSTE mit ihm führte, bestätigte.

Wer trotzdem die Nase angesichts des speziellen Angelns in der Laichzeit rümpft, der sollte einmal darüber nachdenken, dass diese Art des Angelns eine sehr gebräuchliche darstellt. Der Hering kommt in Massen nur während seiner Laichzeit in die Reichweite der Ufer- und Kleinbootangler. Und auch die sich oft so elitär gebenden Lachsangler im Fluss fischen auf einen Fisch, der nicht aus Jux und guter Laune vom Meer in den Fluss aufsteigt, sondern weil er dort ablaichen will! Dieser Fisch frisst sogar überhaupt nicht mehr, wenn er sich erst ein paar Tage im Fluss aufhält (er hat anderes im Sinn), sondern geht meist nur noch an Fliege oder Blinker, weil er den Köder als Störenfried verbeißen will.

Laichzeit bedeutet für uns Angler in diesen Fällen, dass für nur wenige Wochen eine Fangzeit besteht, wie sie sonst das gesamte Jahr über eben nicht existiert. Wo also die Bestände in Ordnung sind, kann das gezielte Angeln in der Laichzeit, ob auf Lachs oder Dorsch, auch ethisch vertretbar sein. Und keine Frage: Keine Zeit im Jahr ist besser geeignet, um gezielt auf den ganz dicken Dorsch zu gehen. Und was da unter Umständen sogar möglich ist, zeigt auch der gewaltige 81-Pfünder des deutschen Anglers Carsten Dietze, der diesen Fisch 1998 im April im Jökelfjord fangen konnte (den Fangbericht finden Sie in diesem Buch).

Trotzdem: Auch im Sommer sind Fänge von gewaltigen Dorschen drin. Und der Angler, der mehr Wert auf fetzige Drills und elegante Fischform legt (zur Laichzeit sehen die Rogner doch mehr kugelig aus), wird eher den Sommer als Fangzeit bevorzugen. Diese Fische, nach der anstrengenden Laichzeit wieder voll im Futter und top-fit, bieten eine hervorragende Angelei und strafen das Vorurteil Lügen, dass Dorsche an der Angel faule Säcke seien. Die knackigen Sommerdorsche, am besten noch im Freiwasser gehakt, gehen ab wie Raketen.

Das Revier für Kapitale

Ja, wo schwimmen sie denn nun, die kapitalen Dorsche jenseits der 20 Pfund? Wie bei vielen anderen norwegischen Fischarten auch, wächst das Durchschnittsgewicht der Fische von Süden nach Norden. Während im Süden nur im Frühling, wenn die Heringe in die Fjorde zum

■ Dorsche über 20 Pfund sind vor Hitra regelmäßig ganzjährig zu fangen.

Laichen ziehen, größere Dorsche in ihrem Gefolge auftauchen, bilden Großdorschfänge in der übrigen Jahreszeit dort absolute Ausnahmen. Auch in Südwest-Norwegen bis Höhe Bergen, gilt der große Dorsch nicht als Zielfisch. Das wird er erst ab Bergen und noch einige Kilometer nördlicher. Die Inseln Smøla und Hitra gelten als erste richtige Großdorschreviere – auch wenn dort 40-Pfünder eher die Ausnahme als die Regel darstellen.

Trotzdem: Wem der Weg in den ganz hohen Norden zu weit ist, weil er nicht fliegen oder auch keine drei Tage im Auto verbringen möchte, der kann im Bereich Trondheim an der offenen Küste durchaus mit gutem Großdorschangeln rechnen – vorausgesetzt er wählt das passende Revier, ein hochseetaugliches Boot und hat ein bisschen Glück. Denn die großen Dorsche sind dort nicht immer in Küstennähe anzutreffen, sondern halten sich zum Teil auch weit vor der Küste auf, da sie etwa Beutefischschwärmen folgen.

Je weiter es Richtung Norden geht, desto größer werden Ihre Chancen auf höhere Schnittgewichte beim Dorsch. Vor allem die in den vergangenen Jahren berühmt gewordenen Inseln wie Vannøya, Senja, Sørøya, Sommerøy, Skjervøy und Røst bieten eine hervorragende Sommerfischerei auf große Dorsche – immer mit der Chance auf einen echten Kracher jenseits der magischen 40 Pfund. Und natürlich die Lofoten: legendärer Dorschplatz – zu Zeiten der großen Laichzüge im März und April trotz starker kommerzieller Befischung ein absolutes Top-Revier für den Fang eines kapitalen Dorsches.

■ Die Lofoten: Großdorsch-Mekka seit Jahrhunderten.
Foto: Bert Zieboll

Auch wenn Fische von 50 Pfund und mehr von dort in den vergangenen Jahren selten gemeldet worden sind: Eine Berühmtheit stellt sicherlich der Jøkelfjord dar – noch weiter nördlich gelegen. Dieser relativ kurze Meeresarm wurde als eines der ersten Dickdorschreviere nördlich der Lofoten bereits Anfang der 1990er Jahre von deutschen Gastanglern befischt – teilweise unter abenteuerlichen Bedingungen, wie mir Frank Kaseler, ein Pionier erster Jøkelfjordtage, ausführlich schilderte. 50- und 60-Pfünder waren im März und April tägliche Beute und Dorsche in solchen Massen im Fjord, dass es einem heute wie ein ferner Traum vorkommt. Und doch zählt dieser malerische Fjord, mit seinem riesigen kalbenden Gletscher am Ende, noch immer zu den Top 10, was norwegische Großdorschreviere betrifft.

Auch ich habe dort meinen größten Bartelträger mit 44 Pfund erwischt (in 113 Metern Tiefe, am Beifänger, einem Gummimakk, hing noch noch ein 20-Pfünder). Und der gewaltige 81-Pfünder, von dem bereits weiter oben schon die Rede war, wurde ebenfalls in diesem einmaligen Revier auf einen Blitz-Pilker von Uwe Potschka erbeutet.

Kleine Fische, große Fische

Überbeißer, toter Köderfisch unter Schwärmen, riesige Gummifische: Das sind die besten Wege, um wirkliche Chancen auf einen Großdorsch zu haben. Die oft zitierte so genannte Überbeißermethode ist dabei grenzseitig, was ihren gesetzlichen Zusammenhang angeht. Denn auch in Norwegen ist der lebende Köderfisch verboten. Warum wir deshalb mit der Überbeißermethode im legalen Niemandsland fischen, wird rasch deutlich, wenn wir uns diese spezielle Methode einmal anschauen. Überbeißer bedeutet nichts anderes, als das wir bewusst einen kleinen Fisch, meist einen Seelachs, haken, und diesen dann einige Meter unter seinen Schwarm ablassen.

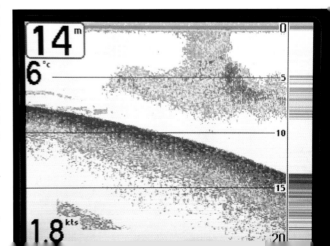

■ Kapitale Räuber (im Bild links) unter einem Schwarm kleinerer Fische.

■ Ein Kuss für den Großdorsch –
die Freude dieses Anglers
über seinen Fang ist grenzenlos.

Der gehakte Fisch benimmt sich logischerweise sehr ungewöhnlich, was wiederum die großen Jäger anlockt. Denn die beste Beute für einen Raubfisch ist die leichte Beute. Er benötigt wenig Energie und weniger Zeit, um Beute zu machen, wenn er beispielsweise einen verletzten oder halb toten Fisch frisst. Dazu kommt, dass sich unser gehakter Köderfisch außerhalb des großen dichten Schwarms aufhält, was es dem Räuber wiederum leichter macht, ihn erfolgreich zu attackieren. Keine Frage, aus allen diesen Gründen wird schnell klar: Die Überbeißer-Methode ist ungeheuer erfolgreich – vor allem wenn mit speziellen Montagen gefischt wird. Dabei wird der Köderfisch zum Beispiel mit einem kleinen Gummimakk, der über einen großen Einzelhaken auf dessen Bogen geschoben wird, »gefangen«.

Der große Raubfisch schnappt sich den kleinen Fisch und hakt sich schließlich an dem großen Haken. Nach diesem Prinzip funktionieren alle Überbeißer-Montagen – nur ihr Aufbau unterscheidet sich. Wichtig bei einer funktionierenden Überbeißer-Montage: Der Haken für den kleinen Fisch darf nicht zu weit vom großen Haken oder Drilling entfernt sein. Sonst gibt's Fehlbisse. Die gibt es übrigens bei dieser Methode reichlich – denn oft inhaliert der große Räuber nicht sofort den Köder, sondern packt ihn quer – ähnlich wie ein Hecht – und schwimmt erst einmal davon. Wird der Anhieb nun zu früh gesetzt, können wir den Fisch nicht haken. Deshalb sollten Sie, wenn Sie auf diese Weise angeln, die Bremse der Rolle oder den Freilaufhebel möglichst weit offen haben und die Schnur mit dem Finger stoppen. Bei einem Biss können Sie sofort Schnur frei geben und den Fisch ziehen lassen.

■ Deutlich ist der nicht gerade
kleine Seelachs zu erkennen, den
sich dieser kapitale Dorsch als
»Überbeißer« einverleibt hat.

■ Auch dieser Brocken biss auf die Überbeißermethode. Foto: Enrico Wyrwa

Mit Köderfisch

Persönlich verwende ich die Überbeißer-Methode aufgrund des Konflikts mit dem norwegischen Gesetz nicht gerne, sondern bevorzuge den toten Köderfisch. Im Übrigen können Sie auch ihre herkömmliche Überbeißer-Montage verwenden, holen den gehakten Köderfisch aber nach dem Anbiss hoch, schlagen ihn ab und lassen ihn wieder runter. So fischen Sie diese erfolgreiche Methode, ohne mit dem Gesetz in Konflikt zu geraten. Und ein frischer toter Köderfisch, durch die Schaukelbewegungen des Bootes auf und ab gehoben, wirkt auf einen großen Raubfisch ebenso attraktiv wie ein lebender, gehakter Köderfisch.

Wegen der häufigen Fehlbisse allerdings (siehe oben) fische ich in diesen Fällen lieber eine andere Montage – eine, die deutlich weniger Fehlbisse produziert. Sie kann mit zwei oder drei Einzel- oder Drillingshaken gefischt werden – oder Sie kombinieren Einzelhaken und Drilling. Auf der Zeichnung können Sie sehen, wie diese Montage aussieht. Sie ist einfach zu bauen, aber sehr effektiv und verheddert sich nicht so leicht. Wichtig: Der Ableger mit den Haken muss kurz überm Blei angebracht werden – dann gibt's die wenigsten Verhedderungen. Wählen Sie das Blei immer so leicht wie möglich (es also Strömung und Drift erlauben), dann spielt der tote Köderfisch am besten.

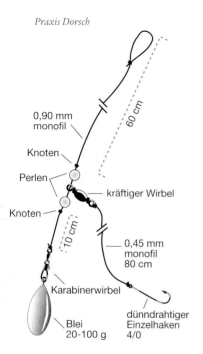

0,90 mm
monofil

60 cm

Knoten

Perlen

kräftiger Wirbel

Knoten

10 cm

0,45 mm
monofil
80 cm

Karabinerwirbel

dünndrahtiger
Einzelhaken
4/0

Blei
20-100 g

■ Fängige Montage fürs Angeln mit Köderfisch. Die Hakengröße wird nach Ködergröße und zu erwartender Fischgröße gewählt. Ein Zweihaken-System ist für den Anbiss sicherer, verheddert sich aber leichter. Wenn nur ein Haken eingesetzt wird, sollte der Angler den beißenden Fisch zehn Meter abziehen lassen und den Anhieb erst dann setzen. Grafik:
KUTTER & KÜSTE/Bork

Für diese Montage eignen sich auch Heringe sehr gut. Nur frisch sollten sie sein – die silbernen Schuppen müssen abfallen, während der Hering in Reichweite der Räuber auf- und abschwebt. Denn dieser Reiz lockt zusätzlich an.

Natürlich mit Gummi

Wohl kein anderer Köder hat in den vergangenen Jahren für so viel Furore gesorgt wie der Gummifisch. Fischten wir erst mit kleinen Modellen auf Pollack und flach stehende Küstendorsche, so setzen wir heute Mega-Gummis für den Fang von Großdorsch, Heilbutt und Köhlerkracher ein.

Hand aufs Anglerherz: An einem langsam taumelnden Gummifisch kann ein großer Dorsch einfach gar nicht vorbei! Er muss zupacken. Schlecht für ihn – schön für uns. Denn mit großen Gummifischen bis über 30 Zentimetern Länge haben wir selektive Kapitalenköder an der Hand, die oft effektiver gefischt werden können als ein Pilker. Der Gummifisch besteht in der Regel aus zwei Teilen: dem Gummifisch (Schwanz) und dem Bleikopf mit Haken (Jigkopf).

Das Wichtigste beim Jig, also dem Bleikopf, ist eben nicht der Kopf selbst. Viel wichtiger sind die verwendeten Haken und wo diese im Gummifisch sitzen. Ich persönlich bevorzuge große, stabile Einzelhaken – andere Angler geben eher Drillingen den Vorzug. Nun, das ist auch eine Frage des persönlichen Geschmacks sowie der Erfahrungswerte eines jeden Anglers.

Fakt ist, dass Drillinge sich rascher am Grund verhaken – die Hängergefahr ist also größer. Außerdem werden viele Fische beim Biss außen gehakt, was die Fehlbissquote steigert. Aber wie gesagt, ich kenne sehr erfolgreiche Angler, die auf Drillinge am Gummi schwören. Am besten

■ Gummifische XXL für XXL-Fische: Die schweren Storm-Shads verfügen über ausreichend große und sehr kräftige Einzelhaken – ein Top-Köder nicht nur für große Dorsche. Vorn das phosphoreszierende Modell.

probieren Sie beides aus und entscheiden dann nach einiger Erfahrungszeit, welchem Haken Sie mehr Vertrauen schenken. Vielleicht wechseln Sie auch je nach Einsatz und Köder die Hakentypen.

Da beim Angeln auf Großdorsch mit Gummifisch eher eine langsamere Köderführung Erfolg bringt, ist hierbei der Austritt des Hakens (oder die Position des Drillings) aus dem Gummi nicht ganz so entscheidend. Während Heilbutt und Köhler meist vehement attackieren, saugt der Dorsch mit seinem verhältnismäßig weitaus größeren Maul den Köder regelrecht ein. Wenn ein 30-pfündiger Dorsch in guter Kondition seine Futterklappe aufreißt, können Sie in der Regel schon fast Ihren Kopf dompteurmäßig hineinstecken! Wovon ich jedoch dringend abraten möchte ... Die Zähne des nordatlantischen Dorsches sind weitaus größer und spitzer als die seines Ostseeverwandten.

Wichtiger als die Lage des Hakens ist beim Dorschangeln mit Gummifisch seine Größe. Und weil eben das Maul dieses Raubfisches so gewaltig ausfällt, darf auch der verwendete Haken entsprechend groß ausfallen. Natürlich muss er auch immer zur Größe des Gummifisches passen. Aber da gezielt auf Großdorsch sowieso eher Gummis der Marke XXL zum Einsatz kommen, dürfen auch die Haken XXL sein. Bei den meisten Jigköpfen fallen die eingegossenen Haken zu klein aus.

Doch mittlerweile hat eine gestiegene Nachfrage nach extra großen Jigköpfen auch das Angebot vergrößert. Nahezu jeder Händler, der eine einigermaßen akzeptable Norwegenecke sein eigen nennt, führt heute solche »Bomben« im Programm. Schauen Sie aber auch mal bei den Hechtködern vorbei: Zwar finden Sie dort selten Köpfe in Gewichten über 100 Gramm, aber dafür sehr spezielle Köpfe wie Schnellsinker oder solche mit dünndrähtigen, ultra-scharfen Haken, die über sehr lange Schenkel verfügen. Ich für meinen Teil bin immer auf der Suche nach neuen Jig-köpfen und gerade in den Raubfisch-Abteilungen habe ich schon viele brauchbare Dinge dieser Art gefunden.

Ach ja, die Farbe werden jetzt viele fragen. Was ist denn die Mega-Farbe, der kein Großdorsch widerstehen kann? Die Antwort werden Sie sich vielleicht schon selbst gegeben haben: Die Farbe ist nicht so entscheidend. Das Spiel des Gummifischs, die »richtige« Angeltiefe (dort, wo der Große sich gerade aufhält) und ein bisschen Glück entscheiden hauptsächlich darüber, ob ein kapitaler Dorsch beißt oder nicht.

Sicherlich, an manchen Tagen in flacherem Wasser, wenn beispielsweise unter einem Heringsschwarm gefischt wird, dann wird ein Gummifisch, der einen der vorkom-menden Heringe am besten in Größe, Form und Farbe imitiert, die größten Chancen haben, einen schönen Dorsch an den Haken zu locken. Sehr gute Erfahrun-gen habe ich auch mit nachleuchtenden Gummifischen gemacht – gleichermaßen im flachen und tiefen Wasser. Solche Gummifische sollten Sie auf jeden Fall in der Köderbox haben.

Die Führung des Gummifischs variiert und ist keinem starren Muster unter-worfen. Erlaubt ist, wie so oft, was fängt! Auch halten sich Großdorsche nicht immer in Grundnähe auf, sondern stehen gern auch unter Schwärmen von kleineren Fischen wie Hering oder Seelachs (siehe oben), um sich ihre Mahlzeiten aus dem Schwarm zu fangen.

■ Die Dorschbomben
mit stabilen Meereshaken
stammen von Zebco.

Zur Zeit der Laichwanderungen spielt dann die Wassertemperatur eine entscheidende Rolle bei der Schwimmtiefe der Dorsche. Vor allem wenn sie sich ihren Laichplätzen nähern, suchen sie ideale Bedingungen zur Eiablage und die haben hauptsächlich mit der Wassertemperatur zu tun. Da in der Regel auf Großdorsch zwischen zehn und 100 Metern geangelt wird, macht es auch Sinn, die Wassersäule durchzufischen – ob mit dem Pilker oder dem Gummifisch. Das heißt, der Köder wird bis zum Grund abgelassen und dann wieder bis zur Wasseroberfläche eingeholt. Der Gummifisch sollte dabei variantenreich geführt werden; mal langsam in ausgedehnten Hüpfern, dann wieder schnell mit hektischen Sprüngen und auch einfach mal monoton eingekurbelt. Der Gummifisch kann auch im Mittelwasser in Sprüngen gezupft werden – etwa wenn Sie in einer bestimmten Tiefe auf dem Echolot eine Fischanzeige ausmachen.

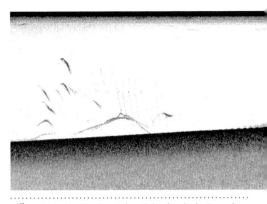

■ Über Grund zeigt das Echo einige kapitale Dorsche als Sicheln – darüber sind die Sprünge des Jigs zu erkennen. Links einige Signale kleinerer Dorsche.

Natürlich sind Bergspitzen und Kanten immer einen Versuch wert. Viele große Dorsche wurden dann gefangen, wenn eher wenig lief, sprich kleinere Fische kaum bissen, dafür dann aber der Kapitale plötzlich einstieg.

■ Ebenfalls top auf große Dorsche: Mega-Jigs an schweren Köpfen.

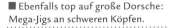

Volker Dapoz, der Erfinder des Giant Jigheads, mit einem auf diesen Köder hereingefallenen Dorsch.

Pilker ahoi!

Vielleicht werden einige Angler nun sagen, der Korn schreibt ja nett und fein über Gummifische und Überbeißer, aber werden die meisten Großdorsche nicht immer noch mit Pilker gefangen? Die Antwort lautet: absolut ja und relativ nein.

Natürlich werden die meisten großen Dorsche mit dem Pilker oder einem darüber geschalteten Beifänger erbeutet. Das liegt aber daran, dass die meisten Norwegenangler noch immer dem großen Dorsch eben mit Pilker nachstellen. Sie kennen doch sicherlich den Spruch mit den Millionen Fliegen, die sich nicht irren können? Eben! Nur weil von 100 Norwegenanglern noch immer 95 den Pilker wählen, wenn's auf Großdorsch geht, muss das ja nicht der beste Köder sein.

Viele Angler trauen sich einfach nicht ran an diese große Gummidinger und die schweren Köpfe. Zum einen, weil ihnen nicht ganz klar ist, wie diese Köder eigentlich fängig geführt werden – zum anderen, weil sie mit Pilker bereits 20 Jahre lang angeln, mit einem solchen Monster-Gummifisch aber noch nie! Es ist sicherlich auch der Verdienst des Norwegen-Spezialisten Volker Dapoz, der mit der Entwicklung seines Giant Jigheads das Fischen mit großen Gummifischen einer großen Masse an Norwegenanglern näher gebracht hat. Der Giant Jighead ist ein speziell geformter Jigkopf, an dem ein großer Gummifisch angebracht werden kann. Er wird mit großen Drillingen gefischt und ist in Gewichten bis über 500 Gramm erhältlich.

Obwohl ich vor allem für den Fang kapitaler Dorsche den Gummifisch über den Pilker stelle, heißt das nicht, dass ich überhaupt nicht mit Pilker fische. Gerade die norwegischen Köder-Klassiker wie der Svenske Pilk (Bergmann-Pilker), der Stingsilda oder der Norwegen-Jigger sind absolute Granaten, was den Fang guter Dorsche angeht.

Das Problem des Pilkers liegt eigentlich an folgendem: Egal, wie groß ich den Pilker und seinen Drilling wähle, selbst kleinere Dorsche schaffen es irgendwie immer wieder, sich dran aufzuhängen. Die Folge: Ich muss diesen kleinen erst einmal hochkurbeln, abhaken, versorgen und so weiter. Zeit, die mir fehlt, um an die Großen heranzukommen. Außerdem sind die Kleinen viel zahlreicher – sie sind einfach viel schneller am Köder als ein Großer.

■ Prächtiger Lofotendorsch

Sehr große Gummifische von über 20 Zentimeter werden von kleineren Dorschen dagegen seltener attackiert: Der Kapitale erhält auf diese Weise öfters die Möglichkeit, sich den Gummifisch einzuverleiben. Deswegen bezeichne ich den großen Gummifisch mit sehr großen Einzelhaken auch als selektiven Großdorschköder. Wer auf Masse aus ist, ist mit einem Pilker oder einem kleinen Gummifisch besser bedient. Möchte ich aber wirklich nur die ganz dicken Dinger, sind Gummifische der Größe XXL oder die Überbeißer-Methode (mit totem Köderfisch!) eindeutig die bessere Wahl.

Der große Zug

Im Frühjahr, wenn die großen Dorschschwärme zum Laichgeschäft drängen, bestehen naturgemäß die besten Chancen auf einen echten Rekorddorsch. Es gibt verschiedene Dorschstämme, die entlang der Küste Norwegens immer wieder dieselben Gebiete aufsuchen, um dort zu laichen. Logischerweise sind das Top-Plätze, die allerdings – insofern nicht geschützt – auch gern von der professionellen Fischerei genutzt werden. Eine der berühmtesten Ecken ist der legendäre Westfjord auf den Lofoten. Wenn Sie dort einmal auf den berühmten skrei fischen möchten, sollten Sie die Woche vor Ostern dort auftauchen. Denn dann besteht ein traditionelles Fangverbot für die Fischer. Sonst stehen dort im März, April nämlich die Netze schon übereinander und das Angeln vom rasch driftenden Boot fällt nicht gerade leicht. So mancher Pilker bleibt da im Netz hängen und auch der Drill kapitaler Dorsche wird durch die vielen Netze nicht gerade leichter.

Wenn der skrei unterwegs ist, werden Sie ihn selten direkt am Grund erbeuten. Der Fisch zieht in kleineren und größeren Trupps in mittleren Wasserschichten, orientiert sich dabei an einer Wassertemperatur von fünf bis sechs Grad. Es ist die optimale Temperatur fürs Laichgeschäft und deshalb bevorzugt er sie zu diesem Zeitpunkt. Es gibt Profi-Angler, die messen sogar die Wassertemperatur im Mittelwasser, um ganz gezielt in dieser Tiefe zu fischen.

Andere Angler bevorzugen das Durchpilken. Sie lassen den Pilker (oder Gummifisch) bis zum Grund oder auf bis zu 100 Meter ab und fischen dann die komplette Wassersäule durch bis zum Boot. Auf diese Weise versuchen sie die Großdorsche zu finden. Sehr gern werden bei dieser Methode auch Multis mit Schnurzähler oder externe Schnurzähler eingesetzt, um bei einem Biss sofort feststellen zu können, in welcher Tiefe er erfolgt ist.

■ Verwenden Sie als Vorfach kräftige Monofile über 0,90 Millimeter Durchmesser mit hoher Abriebstärke: Der nordatlantische Großdorsch verfügt über scharfe Beißerchen.

Das richtige Gerät

Der Dorsch ist kein Superkämpfer wie etwa der große Köhler oder gar der Heilbutt. Bei ruhigen Wasserbedingungen lässt sich selbst im offenen Wasser ein 40-Pfünder an einer 30-60-Gramm-Rute bezwingen. Allerdings haben wir diese sehr ruhigen Bedingungen selten. Der große gehakte Dorsch stellt sich gern mit dem Kopf voran Richtung Tiefe und versucht, einen möglichst großen Druck auf die Leine zu erzeugen. Hierbei nutzt er die Strömung geschickt aus.

Hat man dann bei stärkerer Drift einen guten Dorsch jenseits der 20 Pfund an relativ leichtem Gerät am Haken, kann es Probleme geben. Denn wir bekommen den Dicken da unten nur schlecht oder gar nicht bewegt! In solchen Fällen fahre ich dem Fisch mit dem Boot entgegen, um den Schnurwinkel zu verkleinern. Dann versuche ich, das Boot auf der Stelle zu halten, damit der Angler seinen Großdorsch ausdrillen kann.

Unter erschwerten Bedingungen, etwa auf einem Kutter bei Winddrift, muss deshalb schwereres Gerät ran, um einen gehakten Großdorsch bezwingen zu können. Ansonsten sehen Sie den Spulenknoten rasch näher kommen und der Fisch geht verloren. Eine mittelgroße, robuste Multirolle oder eine sehr große und gute Stationärrolle, jeweils mit einer Schnurfassung von etwa 400 Metern einer 0,25er Geflochtenen sollte es schon sein. Rute: Bootsrute, 30-lbs-Klasse, um zwei Meter lang, mit weicherer Spitzenaktion, damit der Haken im Drill nicht so leicht ausschlitzt. Als Schnur kommt für mich ausschließlich Geflochtene in Frage. Der direkte Kontakt zu Köder und Fisch ist mir wichtiger als die Pufferung, die mir die Dehnung einer Monofilen bietet. Tragkraft der Geflochtenen: um 20 Kilogramm.

Drill & Landung

Wie bereits erwähnt, ist der Dorsch nicht der Mega-Kämpfer an der Angel. Das gilt noch mehr für einen ausgedrillten Dorsch an der Wasseroberfläche. Dieser zeigt meist »Weiß«, das heißt, er liegt auf der Seite oder dem Rücken und wir können seinen weißen Bauch sehen. Einen solchen ausgedrillten Dorsch noch zu verlieren, das passiert selten. Der Fisch lässt sich mit Hilfe eines Gaffs oder eines großen Keschers sicher an Bord holen.

■ Rainer Korn mit
Dorschbrummer aus
Nordnorwegen –
gefangen auf Gummifisch
in nur acht Metern Tiefe
direkt am Grund!

Der Griff ins Maul (Wallergriff) verbietet sich wegen der scharfen Beißerchen sowieso und auch der Griff hinter den Kiemendeckel hat es in sich, denn rutscht die Hand zum Beispiel bei einer Bewegung des Fisches hinter die Kiemenbögen, dann wird's blutig: Die Rückseiten der Dorschkiemenbögen sind mit spitzen Dornen besetzt.

Tipps & Kniffe

Fischen Sie nicht an den ausgewiesenen »Kleindorsch«-Stellen, an denen alle ihre Köder runterlassen. Suchen Sie Schwärme kleinerer Beutefische, beobachten Sie das Wasser mit einem Fernglas, um eventuell Möwen ausfindig zu machen, die davon profitieren, wenn große Raubfische Kleinfische an die Oberfläche treiben. Fischen Sie in Frühjahr und Herbst in den ganz frühen Morgen- und den späten Abendstunden; in Nordnorwegen zur Mitternachtssonne auch nachts. Heringe kommen meist in den Abendstunden an die Wasseroberfläche, um zu fressen. In ihrem Gefolge finden sich die kapitalen Räuber. Stellen Sie bei der Kapitalensuche an Ihrem Echolot die Fischsymbole aus. Arbeiten Sie besser mit der ursprünglichen Sichelanzeige. Diese zeigt Ihnen viel deutlicher, ob sich größere Fische unter einem Schwarm kleinerer Schuppenträger befinden. Fahren Sie auch ruhig morgens und abends mal die Uferkanten ab – Sie werden sich wundern, was da so auf der 20-Meter-Tiefenlinie alles herumschwimmt. Geben Sie sich Zeit für die Suche nach dem großen Fisch. Wer schnell die Geduld verliert, wird gezielt niemals einen wirklich guten Dorsch fangen.

Wer seinem eigenen Riecher nicht traut, der sollte sich einem anerkannt guten Guide anvertrauen. Da diese Jungs tagaus, tagein auf dem Wasser sind, haben sie meist einen guten Überblick über das, was, wann und wo gerade läuft. Große Dorsche sind seltener als kleinere – diese Selbstverständlichkeit scheinen manche Angler manchmal zu vergessen. Aber diese biologische Grundregel gilt auch im Fischparadies Norwegen! Es kann also auch sein, dass sich an dem Platz, an dem Sie sich gerade befinden, zu genau dieser Zeit einfach keine großen Dorsche aufhalten. Das ist vor allem im südlichen Norwegen der Fall.

Kurz & kompakt: Dorsch

Top-Reviere: Mitte Norwegen (Hitra) und Nordnorwegen.

Optimale Fangtiefe: 10 bis 100 Meter.

Top-Monate: März, April (Laichdorsch), Juli bis September (Sommerdorsche). Im Mai und Juni sind die großen Dorsche oft ausgezehrt von der Laichzeit, haben kein gutes Fleisch, einen riesigen Kopf im Verhältnis zum abgemagerten Restkörper und wenig Pepp.

Top-Köder für Kapitale: Svenske Pilker (Bergmannpilker) bis 1.000 Gramm, große Gummifische (20 bis 30 Zentimeter), ganze Köderfische (Seelachs, Schellfisch und ähnliches bis ein Kilo Gewicht).

Top-Gerät: fürs schwere Pilkangeln 30-lb-Rute, hochwertige Multi ohne Schnurführung, Schnurfassung 400 Meter einer 20 Kilo tragenden Geflochtenen; fürs Spinn- und Gummifischangeln möglichst leichte Pilkrute, Wurfgewicht 30 bis 100 Gramm, 2,60 Meter lang.

Landehilfen: Gaff, großer Kescher.

Top-Eigenschaften des Anglers: Zur Skrei-Zeit im Spätwinter gute Widerstandsfähigkeit gegen Kälte, Wind und Wellen!

Dorsch: So lebt und liebt er

Der Namensgeber der Dorschartigen Fische (Dorsch, Kabeljau, lat. *Gadus morhua*) ist wohl gleichzeitig der bekannteste aus dieser Familie. Während im Ostseeraum alle Größenklassen als Dorsche bezeichnet werden, verhält es sich bei Nordseefischen folgendermaßen: Auch hier spricht man vom Dorsch, solange es sich um Jungfische beziehungsweise halbwüchsige handelt. Ab dem Eintritt der Geschlechtsreife werden sie dann aber als Kabeljau bezeichnet. Dorsche können bis zu zwei Meter lang und 96 Kilo schwer werden. Das Höchstalter beträgt 25 Jahre.

Die skandinavische Bezeichnung »Torsk« bedeutet Trockenfisch. Die auf diese Weise konservierten Fische waren schon zur Wikingerzeit ein wichtiges Handelsgut. Ein auffälliges Merkmal der Dorsche ist der Bartfaden unterm Kinn des unterständigen Maules. Sie haben drei Rücken- und zwei Afterflossen, die Haut ist meist marmoriert. Die Färbung kann von Hellgrau über Gelblich-Braun bis zu Schwarz oder Rot variieren. Meist ist sie vom jeweiligen Untergrund abhängig. Bei so genannten Klippendorschen, die meist standorttreu in den ufernahen Tangwäldern leben,

■ Typische Rotfärbung eines Klippen- oder Tangdorsches.

rührt der typisch rötliche Hautton von der aufgenommenen Nahrung her, die meist aus Kleinkrebsen besteht, welchen sie zwischen den Braun- und Rotalgen nachstellen. Die Farbstoffe dieser Krabben werden in der *Epidermis* (Hautschicht) eingelagert und verhelfen dem Dorsch zu einer guten Tarnung in seinem Lebensraum. Setzt man gefangene Tangdorsche in ein Aquarium und füttert sie nur noch mit Fisch, so geht die typische Rotfärbung nach einigen Wochen vollständig verloren. Fängt man hingegen normal gefärbte Dorsche und füttert diese über längere Zeit mit Strandkrabben aus dem felsigen Uferbereich, so nehmen sie nach und nach eine rötliche Färbung an, egal, wie der Beckengrund beschaffen ist.

Das Verbreitungsgebiet des Kabeljaus reicht von der Kanadischen Atlantikküste über Grönland, Island, westlich der Britischen Inseln bis zur Biscaya, die Nord- und Ostsee und Norwegen bis zur Barentssee. Er kommt in Wassertiefen zwischen einem und 600 Meter vor, wobei kleine Exemplare oftmals in den mit Algen bewachsenen Flachwasserbereichen der Uferzonen leben.

Dorsche laichen, je nach Gebiet, zwischen Januar und April. Dabei kann ein Weibchen bis zu 1,5 Millionen Eier abgeben. Diese durchsichtigen Kugeln, die etwa 1,4-1,5 Millimeter Durchmesser haben, sind frei schwebend und entwickeln sich im Oberflächenwasser. Je nach Temperatur kann die Zeit bis zum Schlupf der etwa fünf Millimeter großen Larven zwei bis vier Wochen betragen. Ist die Metamorphose nach wenigen Monaten abgeschlossen, so wandern die Jungfische zum Meeresboden, wo sie fortan leben. Dorschweibchen sind Portionslaicher, das heißt, sie geben über einen Zeitraum von mehreren Tagen jeweils eine gewisse Menge Eier ab, da diese unterschiedlich schnell heranreifen. Man unterscheidet sechs verschiedene Reifestadien der Eier, erst im letzten quellen sie auf, werden klar und sind bereit, befruchtet zu werden.

Das Laichgeschäft, das bisher nur sehr selten beobachtet werden konnte, läuft folgendermaßen ab: Jeweils in den frühen Morgenstunden wird ein Weibchen, welches kurz vor der Eiabgabe steht, von einer Gruppe meist etwas kleinerer Männchen verfolgt. Das kann sich über eine Stunde hinziehen. Dann geht plötzlich alles ganz schnell: Ein Milchner löst sich aus dem Verband, prescht vor, dreht sich auf den Rücken, während er unter das Weibchen schwimmt und dieses mit den Spitzen seiner Bauchflossen, die sich rasant hin und her bewegen, berührt.

Auf diese Weise gereizt, gibt das Tier eine Wolke von Eiern ins Wasser ab, während das Männchen eine Portion Sperma herausdrückt. Danach dreht der Milchner sofort um und verwirbelt das Ganze, indem er im Kreis schwimmt und dabei heftig mit der Schwanzflosse schlägt. Dieser Vorgang kann sich mehrmals wiederholen, wobei dann jeweils ein anderes Männchen zum Zuge kommt. Auf diese Weise wird eine möglichst große genetische Vielfalt bei der Befruchtung gewährleistet.

Michael Janke

Ein herrlich gefärbter großer Dorsch kurz vor der Landung.

Heilbutt

Wege zum Mega-Platten

Einen Heilbutt zu fangen, stellt wohl den zweitgrößten Wunsch eines jeden Norwegenanglers dar – der größte: ein Butt der XXL-Klasse! Es gibt kein Patentrezept, aber einige Wege, um ihm sehr nahe zu kommen.

■ Er ist sicherlich der begehrteste Fisch bei deutschen Norwegenanglern: der Heilbutt. Kapitale wurden mit der Angel schon in Gewichten bis 380 Pfund gefangen.

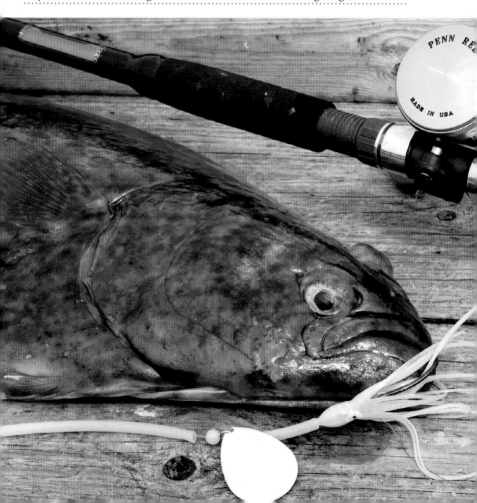

Auch beim Heilbutt wieder die berühmte, bereits zu Anfang dieses Buches gestellte Frage: Was ist groß? Obwohl ein Heilbutt über 600 Pfund schwer werden kann, bedeutet selbst der Fang eines Fisches, der »nur« zehn Prozent, also 60 Pfund, dieses Megagewichts erreicht, bereits einen Ausnahmefang. Um es mal mit den üblichen Worten von wirklichen Norwegen-Experten zu sagen: Ein Butt über 20 Pfund ist ein »Guter«, ein Fisch über 30 Pfund respektabel und ein Fisch über 50 Pfund eindeutig kapital.

Denn trotz der vielen Tausend Angler, die jedes Jahr gen Norden reisen, werden nur relativ wenige Fische über der magischen 50-Pfund-Marke gefangen. Und nur selten oder gar nicht von einem einzigen Angler eine Handvoll davon in dem Zeitraum von ein paar Jahren. Trotz aller Fangmeldungen riesiger Butte sollten wir mal die Kirche im Dorf lassen. So selten in Norwegen Dorsche über 70 Pfund gefangen werden, so sel-

■ Ein solcher Heilbutt von 36 Pfund ist schon ein beeindruckender Fang.
Foto: privat

ten gelingen Angler Buttfänge von über 200 Pfund in Norwegen. Beim Heilbutt ist die Wachstumspyramide stark einseitig ausgeprägt: mit einer sehr dünnen Spitze von riesigen Fischen, einem schmalen mittleren Teil mit mittleren bis großen Exemplaren und einem breiteren, aber nicht gerade ausladendem unteren Bereich kleinerer Fische (etwa bis 20 Pfund).

Die Geschichte
des norwegischen Heilbutts

Um die heutige Bestandssituation des norwegischen, des Weißen Heilbutts (lat. *Hippoglossus hippoglossus)* zu begreifen, möchte ich kurz die Geschichte dieses faszinierenden Riesenfisches beleuchten. Sie ist, wie kann es anders sein, geprägt von der gnadenlosen Jagd auf diesen schmackhaften Raubfisch. Während mit Netzen vor allem kleinere Exemplare gefangen wurden, ging es mit Langleinen auf die Großen.

Eines der Hauptproblems: Beim Fischen auf andere Plattfischarten wie Schollen wurden insbesondere die jungen Heilbutte Opfer der Netze. Vater und Urgroßvater wurden im offeneren Wasser erbeutet, die jungen Tiere in den Flachwassergebieten und Fjorden. Die Folge: Der Bestand an Heilbutten sank dramatisch. Im Winter wurde gezielt auf die ganz Dicken gefischt – der Dezember aber markiert den Beginn der Laichzeit und vor allem die großen Fische mit ihrer immensen Rogenproduktion sind für den Fortbestand der Art sehr wichtig.

Dazu kam, dass Heilbutt – vor allem geräuchert – zur Delikatesse im westlichen Europa aufstieg. Und gesteigerte Nachfrage sorgte für gute Preise und eben verstärkte Fangbemühungen.

■ Zwar nicht aus Norwegen, aber der zweitgrößte jemals mit der Angel gefangene Atlantische Heilbutt: ein Riese von 350 Pfund aus Island – gefangen im Juni 2007 von André Rossat. Foto: Tobias Hilfer/Daiwa-Cormoran

■ Ein Berufsfischer fing diesen 165 Kilo schweren und 2,32 Meter langen Heilbutt am Stokkafjord mit dem Netz. Foto: privat

Überfischung war die Folge. Ich habe 2005 im Fotoalbum eines süd-norwegischen Fischers Bilder und Zeitungsberichte gesehen, die die kommerzielle Heilbuttfischerei in Südnorwegen (!) in den 60er und 70er Jahren zeigten: Ich war sprachlos (und Freunde können es bestätigen, das passiert mir selten...) – Kutter von 30 Meter Länge voll mit Heil-butten! Kleine, große – querbeet lagen die Decks voll, dass keine Planke mehr zu sehen war.

Ich hatte nie gewusst, welcher gewaltige Bestand an Heilbutten im Süden Norwegens einmal existiert hatte. Aufgrund der Fänge der vergangenen 20 Jahre lässt sich darauf schließen, dass der Heilbutt in Südnorwegen nahezu ausgerottet wurde. Weil der Mensch den Hals mal wieder nicht voll bekommen konnte, machte er die riesigen Plattfische erst so richtig platt. Was für ein Potenzial wurde da vernichtet!

Doch die Norweger haben daraus gelernt. Im Gegensatz zu ihren süd-lichen EU-Nachbarn (inklusive Deutschland!), die gerade dabei sind, den Dorsch in Nord- und Ostsee über die (Fischer-)Klinge springen zu lassen, weil dringend erforderliche Fangbeschränkungen nicht vereinbart werden können, haben die Nordmänner und -frauen gehandelt. Fjorde dürfen mit großen Fischkuttern gar nicht mehr befischt werden (um die Kinder-stube der Butte zu schützen), spezielle Heilbuttnetze wurden verboten, ein Mindestmaß von 60 Zentimetern und eine Schonzeit eingeführt.

Gleichzeitig sorgten Aufzuchtprogramme für sicheren Nachwuchs bei den Großbutten. All diese Maßnahmen haben zwar den Heilbutt nicht nach Südnorwegen zurückgebracht, ihn jedoch im mittleren und nördli-chen Norwegen wieder in seinem Bestand stark gefestigt. Die vermehrten Meldungen von Fängen großer Butte (auch durch viele deutsche Gast-angler) sind eine unmittelbare Folge dieser lobenswerten Maßnahmen seitens der norwegischen Regierungsstellen. Dieses Wissen vor Augen und die Kenntnisse der Lebensgewohnheiten des Heilbutts bringen den Angler dicht an den Großfisch. Deshalb steht vor dem erfolgreichen Fang eines guten, respektablen oder gar kapitalen Butts das optimale Zusammenspiel zwischen Angelrevier, Angeltiefe und -platz sowie der richtigen Jahreszeit.

Das Revier für Kapitale

Damit ein Revier als Großbuttrevier gelten kann, müssen über einige Jahre hinweg immer wieder »respektable« bis kapitale Butte an Land gezogen werden. Das gilt für eine ganze Menge Angelgebiete in Norwegen. Entscheidende Faktoren für das erfolgreiche, gezielte Beangeln solcher Fische sind die Größe des Reviers, die Informationen über die Angelstellen (Angelguides, Ex-Heilbuttfischer, aktive Heilbuttfischer, kundige Anlagenbesitzer) und die Jahreszeit.

Diese Reviere haben in den vergangenen Jahren immer wieder reichlich starke Butte präsentieren können:

> Sørøya (Insel)
> Sommerøy (Insel)
> Skjerstadfjord
> Saltstraumen (Gezeitenstrom)
> Røst (Insel)
> Rolvsøya (Insel)
> Porsangenfjord
> Lyngenfjord
> Vannøya (Insel)
> Senja (Insel)
> Skjervøy (Insel)
> Hitra (Insel)

■ Wohl kein anderes norwegisches Großbuttrevier liegt so windgeschützt wie der Skjerstadfjord bei Bodø hinterm Saltstraumen.

■ Nette Sitte am Skjerstadfjord und Heißmacher für die Ankommenden: Die Umfänge großer Butte werden auf dem Bootssteg »verewigt«. Dieser Fisch wog 54 Kilo.

Auch die Insel Hitra als südlichstes Heilbuttziel in dieser Auflistung kann mit kontinuierlichen Fängen respektabler bis sehr großer Butte aufwarten. Das Problem bei Hitra besteht in der gewaltigen Ausdehnung des Angelreviers. Die Heilbutte werden an vielen Plätzen gefangen – gezielt auf kapitale Exemplare zu angeln, fällt aber selbst mir als ausgewiesenem Hitra-Kenner schwer. Auch wenn mein größter Flachmann mit 60 Pfund von dort stammt und schon einige Fische von über 100 Pfund auf die Planken gelegt wurden.

Trotzdem ist Hitra und dort vor allem der Süden mit der Trondheimsleia sowie der Osten mit den Nachbarinseln Leksa und Storfosna ein sehr Erfolg versprechendes Revier für große Heilbutte. Storfosna galt gar in früheren Tagen bei Berufsfischern als Heilbuttinsel: Ausgedehnte Sand-, Kies- und Muschelschalenuntergründe im Süden und Norden der Insel bieten beste Voraussetzungen für den räuberischen Plattfisch. Dazu kommen stark strömende Bereiche gleich um die Ecke. Zum Beispiel der über 400 Meter tiefe Krakvagfjord zwischen Storfosna und Hitra.

■ Rainer Korn mit schönem Hitrabutt – gefangen im April 2007 in 30 Metern Tiefe auf Hering.

Heute fällt die Wahl eines exzellenten Heilbuttreviers nicht mehr ganz so schwer wie noch Ende der 90er Jahre des vergangenen Jahrhunderts, als ich mit der gezielten Heilbuttangelei in Norwegen begann. Denn mittlerweile haben viele Veranstalter reichliche Erfahrungen sammeln können und geben diese gern an ihre Kunden weiter. Ob es die sensationellen Fänge vor Rolvsøya sind oder die starken Butte von Vannøya: Heutzutage steuern sogar Kutterkapitäne ihre Kundschaft direkt zu den Heilbuttplätzen. Sie sehen also: Die Heilbutte zu finden, fällt erst einmal gar nicht so schwer. Doch jetzt kommt der große Rest, der einem dann tatsächlich auch einen dicken Platten an den Haken bringen soll.

Zeitspiel

Ganz wichtig für den Erfolg ist die richtige Jahreszeit, wann also in den Erfolg versprechenden Revieren auf Butt geangelt wird.

■ 72-Pfünder von Hitras Nachbarinsel Frøya. Foto: Andreas Steinbach

Ob Mittel- oder Nordnorwegen: Als beste Monate haben sich überall Mai und Juni, sowie etwas abgeschwächt Juli und August erwiesen. Das liegt an dem Lebenszyklus der Fische. Bis in den März hinein sind die Butte in der Tiefe mit dem Laichgeschäft beschäftigt. Dann im April/Mai, wenn die Sonne höher steigt und das Flachwasser erwärmt, schwärmen selbst größere Flachmänner in seichte Gewässerabschnitte. In früheren Zeiten wurden große Heilbutte sogar auf Sicht harpuniert! Dafür bauten sich Fischer spezielle Glasluken in den Rumpf ihrer Boote, um die großen Plattfische besser ausmachen zu können.

Wer also eine echte Heilbutttour plant, sollte die Monate Mai und Juni ins Auge fassen, die sich – jedenfalls was die Fangmeldungen angeht – mit als beste erwiesen haben. Zwar sind auch im April bereits gute Fänge möglich, aber hier können plötzliche Kälteeinbrüche zum einen das Angeln erschweren, zum anderen den Fischen die Mäuler vernageln.

Die Tageszeit scheint keine so große Rolle zu spielen: Mal startet die Fressphase vormittags, mal abends und so weiter. Denn das ist ein ganz wichtiger Punkt beim Heilbuttangeln, den Sie unbedingt beachten sollten. Meist starten die Butte eines Reviers wie auf einen Startschuss hin ihre Fressphasen, die also urplötzlich beginnen und dann, nach zwei bis vier Stunden wieder beendet werden.

Natürlich werden auch vor und nach diesen »Beißzeitfenstern« vereinzelt Fische gefangen – wer aber diese Fressphasen miterlebt, kann sich auf mehrere Bisse und mit Glück auch mehrere Fische an einem Tag einstellen. Mein Freund und Angelkollege Basti Rose brachte in einer solchen Fressphase sogar einmal das Kunststück fertig, eine Dublette von zwei 20pfündern an Bord zu holen. Tatort: Südhitra. Köder: zwei Flatterheringe an einem »Rainer Korn Naturköder-System Norwegen«. Seitdem ist dieses System (ein Haken oben, einer unterm gleitenden Blei als Nachläufer) seine Lieblingswaffe für Heilbutt. Auch mein 60pfünder biss an einem solchen System.

Auf einer Heilbutttour, die ich 2004 mit Basti und 30 Teilnehmern im Hemnefjord vor Hitra durchführte, ließ sich dieses Phänomen der Fressphase beim Butt bestens studieren. Denn dort fischten wir mit sieben, acht Booten auf einem eng begrenzten Revier auf Sichtweite zueinander. Interessanterweise war es jeden Morgen bis acht Uhr still an den Ruten – keine Bisse, keine Butte. Doch als hätte jemand um acht herum die

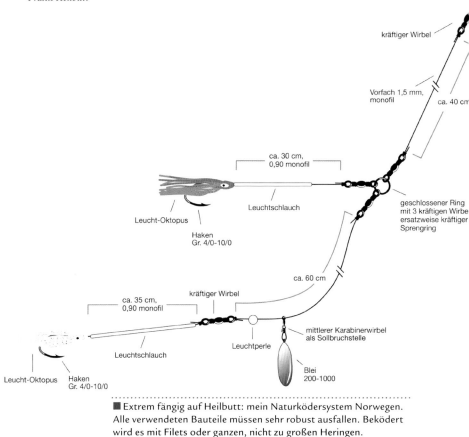

kräftiger Wirbel

Vorfach 1,5 mm,
monofil

ca. 40 cm

ca. 30 cm,
0,90 monofil

Leuchtschlauch

Leucht-Oktopus

Haken
Gr. 4/0-10/0

geschlossener Ring
mit 3 kräftigen Wirbe
ersatzweise kräftiger
Sprengring

ca. 60 cm

kräftiger Wirbel

ca. 35 cm,
0,90 monofil

mittlerer Karabinerwirbel
als Sollbruchstelle

Leuchtschlauch

Leuchtperle

Leucht-Oktopus   Haken
Gr. 4/0-10/0

Blei
200-1000

■ Extrem fängig auf Heilbutt: mein Naturködersystem Norwegen.
Alle verwendeten Bauteile müssen sehr robust ausfallen. Beködert
wird es mit Filets oder ganzen, nicht zu großen Heringen.
Zeichnung: KUTTER & KÜSTE, Bork

Fressglocke unten am Grund geläutet, begannen jeden Tag die Bisse.
Es war, als ob das große Fressen ausgebrochen wäre. Überall krumme
Ruten, Drillszenen, Bisse, gelandete Butte. Nach drei Stunden wurde es
merklich ruhiger – die Beißphase war wieder vorbei.

Als besonders fängig haben sich übrigens die ruhigen Wasserphasen
erwiesen, also Stauhoch- und Stauniedrigwasser, wenn das Wasser bei
den Übergängen von Ebbe zu Flut und umgekehrt für rund 20 Minuten
zum Stehen kommt. Aber die Fressphasen scheinen sich nicht ausschließlich daran zu orientieren. Die wirklich entscheidenden Umstände, wann
die Beißlust einsetzt, liegen noch im Dunkeln. Ich halte neben der Tide
auch den Luftdruck und seine Veränderungen als Triebfeder für das Verhalten der Butte (und nicht nur der ...) für realistisch.

Fischen nach Plan

Wie auch immer: Um in den Genuss solcher Beißphasen zu kommen, muss sich der Angler etwas einfallen lassen. Er muss flexibel fischen – nach Plan. Die ersten Tage wird intensiv einige Stunden, zum Beispiel morgens von sechs bis neun auf Butt geangelt und vielleicht nochmals nachmittags zwischen drei und sechs. Da auf den typischen Buttplätzen (Sand- und Kiesplateaus) eher mit weniger Beifang zu rechnen ist, kann sich der Angler die übrige Zeit, die er nicht dem Fang eines großen Heilbutts opfert, anderen Fischarten widmen. So kommt keine Langeweile auf und aus der Fischkiste wird ein bisschen Luft raus gelassen.

Leider treten diese Beißphasen nicht jeden Tag auf – selbst im allerbesten Heilbuttrevier. So kann es durchaus vorkommen, dass ein, zwei Wochen so gut wie gar nichts mit Heilbutt läuft – und dann wieder eine Woche kommt, in der es zugeht wie beim Brassenstippen! Hierbei scheint auch der Mond Einfluss aufs Beißverhalten der Fische zu haben. Nach meinen Erfahrungen läuft's besonders gut in der Zeit des zunehmenden Mondes und dabei in der letzten Woche vor Vollmond.

Allerdings möchte ich das aufgrund von zu wenigen Fallbeispielen nicht zur unumstößlichen Wahrheit erklären. Ich habe mit einem erfolgreichen Buttangler darüber einmal gesprochen und er hatte den Eindruck, die Woche nach Vollmond würde er seine besten Fänge landen können. Sie sehen, nicht nur die Wissenschaft weiß noch längst nicht alles über den größten Flachmann unserer Meere – auch wir Angler haben noch eine Menge zu entdecken und zu lernen – und das ist gut so!

Köderfragen

Auch hier scheiden sich die Geister, wenn ich die Beiträge in der Fachpresse so lese und mit anderen Heilbuttanglern rede. Grundsätzlich gilt: Der Heilbutt ist ein äußerst aggressiver Raubfisch, der seine Beute auch über längere Strecken bis an die Oberfläche verfolgt und zuweilen in regelrechten Beißattacken überfällt. Es scheinen besondere Schlüsselreize zu sein, die ihn anlocken. Jeder vermeintlichen Beute, die sich auffällig, also verletzt oder krank, durchs Wasser bewegt, gilt sein allergrößtes Interesse.

Dabei werden Heilbutte beileibe nicht ausschließlich am Grund gefangen, sondern sie jagen auch gern im Mittelwasser, vor allem über ausgeprägten Unterwasser-Bergspitzen und steilen Abhängen. Da aber die oben erwähnten Sand- und Kiesplateaus ihre bevorzugten Ruheorte darstellen, lassen sie sich hier am gezieltesten fangen. Hier treffen wir meist mehrere Exemplare an einem Platz an und die Wahrscheinlichkeit ist höher, dass sich einer der zur Jagd aufbrechenden Fische für unseren Köder interessiert.

Interessanterweise haben mir Taucher berichtet, dass sie oft Gebiete finden, in denen viele Butte auf engem Raum nebeneinander liegen. Das Erstaunliche dabei: Meist liegen Fische einer Größenklasse zusammen. Also eine Gruppe 20pfünder, ein paar 40pfünder oder eben etliche der 10-Pfund-Klasse. Eher selten scheinen sich also die Gewichtsklassen zu vermischen (Ausnahmen bestätigen die Regel). In Westkanada, wo ja der Bestand an pazifischem Weißen Heilbutt, der unserem atlantischen auch im Aussehen gleich ist, wesentlich dichter ausfällt, konnte ich dieses Phänomen ebenfalls durch unsere Fänge bestätigt sehen.

Ich möchte in Sachen Köderfragen keinen Köder zur unschlagbaren Allzweckwaffe erklären. Grundsätzlich lässt sich der Butt mit Kunst- wie auch mit Naturködern erbeuten. Oder aus einer Kombination von beiden. Zu Beginn des neuen Jahrtausends startete der Gummifisch auch beim

■ Heilbutt auf Gummifisch: Ein deutlicher Trend geht zum Fischen mit den Wackelschwänzen auf große Platte – eine ungemein spannende und erfolgreiche Methode.

Fang von Heilbutten seinen Siegeszug. Wir lernten dieses Fischen dabei von den Schweden, die es sich wiederum bei den Kanadiern und Alaska-Anglern abgeguckt hatten.

In der Bibel der nordamerikanischen Heilbuttangler, »How to catch a trophy halibut« (Wie fange ich einen kapitalen Heilbutt), wurde bereits Anfang der 1990er Jahre der Gummifisch (shad) als Nonplusultra für Heilbutt gepriesen. Nur dauerte es bei uns eine Weile, bis entsprechend schwere Köpfe und ausreichend große und stabile Haken auf den Markt kamen. Denn die Gummifischangelei stammte aus dem Süßwasser, wo andere Anforderungen an diese Köder gestellt wurden.

Ich persönlich fische ebenfalls sehr gern mit Gummifisch und großen Jigs auf Heilbutt – vielleicht ist das sogar die spannendste Methode auf den kampfstarken Platten. Unter den Pilkern gibt es einen, der unangefochten die Nummer 1 beim Heilbuttangeln darstellt: Das ist der Svenske Pilk des norwegischen Herstellers Sølvkroken. Er wird in Deutschland auch unter dem Namen Bergmann- oder Taumelpilker angeboten und beschrieben.

Dieser Pilker wird in kurzen ruckartigen Sprüngen über Grund geführt. Dabei sollte er auch zwischendurch mal für einige Sekunden am Grund liegen bleiben. In unregelmäßigen Abständen empfiehlt es sich, den Svenske Pilk zehn, 20 Meter Richtung Boot durch zu pilken, um unentschiedene Butte doch noch an den Haken zu locken.

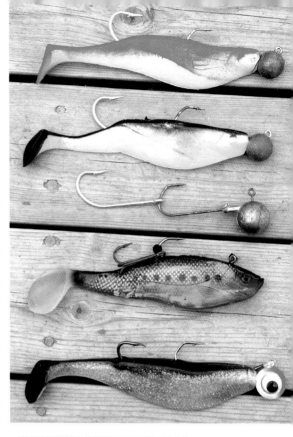

■ Gummifische sind optimale Köder für Heilbutt. Oft wirkt ein zweiter Haken Wunder gegen Fehlattacken der ungestüm beißenden Platten.

Beim Gummifisch gibt es zwei verschiedene Führungsweisen, die in unterschiedlichen Tiefen zum Erfolg führen. Im flachen Wasser bis 30, 40 Meter wird der Gummifisch bis zum Grund abgelassen und nach einigen Sprüngen über den Grund in gemächlichen Zickzack-Bewegungen Richtung Oberfläche eingekurbelt. Dabei kann dem Köder ruhig hin und wieder einmal ein kräftiger Schlag mit Hilfe der Rute verpasst werden. Gar nicht selten kommt es bei dieser Führungsweise vor, dass ein Butt erst kurz vor der Wasseroberfläche den Köder schnappt. Ja, oft sehen wir diese blitzschnellen Attacken sogar und bekommen einen richtigen Schreck.

In tieferem Wasser bis 100 Meter – viel tiefer brauchen Sie auf Heilbutt in der Hauptsaison nicht zu fischen – wird der Gummifisch dagegen über Grund gezupft oder auch einfach mit der Drift hinterm Boot geschleppt. Auch hierbei bietet es sich wie beim Pilken an, den Gummifisch hin und wieder einige Meter in Sprüngen nach oben zu kurbeln.

Die Naturködermontagen, beködert mit Hering, Köhler oder anderen Köderfischen, werden ebenfalls mit der Drift unterm beziehungsweise hinterm Boot geschleppt. Auch diese sollten ab und an mal angelupft werden, um das Köderspiel reizvoller zu gestalten. Lassen Sie das schwere Grundblei ruhig hin und wieder hart auf den Grund aufschlagen – unwillige Heilbutte können mit diesem Klopfen »geweckt« und zum Anbiss verführt werden.

Der äußerst fängige von mir entwickelte Heilbutt-Jigger stellt eine Kombination aus Natur- und Kunstköder dar und nimmt sich das Beste von beiden Seiten. Vom Kunstköder das aufreizende Spiel des eiförmigen Auftriebskörpers sowie der Oktopus-Tentakeln – vom Naturköder den Geruch und die Konsistenz. Seit ich den Heilbutt-Jigger um das Jahr 2000 auf den Markt gebracht habe, sind unzählige Heilbutte diesem Köder zum Opfer gefallen.

Beim Beködern mit Gummifisch und Köderfisch sollten Sie darauf achten, dass nicht zu viel Ködermaterial ohne Haken ist. Fischen Sie beim Naturköderangeln einen einzelnen Haken, sollte der Köder kürzer ausfallen. Ansonsten greift sich der Heilbutt in seiner stürmischen Art unter Umständen nur den hakenlosen Teil Ihres Köders. Wer längere Köder einsetzt (Flatterhering, lange Köhlerfilets zum Beispiel), sollte seine Montage auf jeden Fall mit einem zweiten Haken am Ende des Köders versehen.

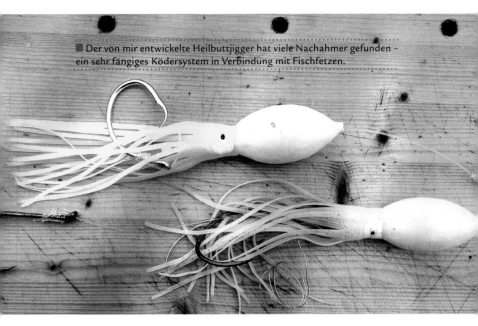

■ Der von mir entwickelte Heilbuttjigger hat viele Nachahmer gefunden – ein sehr fängiges Ködersystem in Verbindung mit Fischfetzen.

Ähnlich verhält es sich beim Gummifisch. Da ich kein großer Freund von Drillingen beim Fischen mit Natur- oder Gummiködern bin (vor allem wegen der großen Hängergefahr), versehe ich meine Gummifische mit einem zweiten Haken, dessen Spitze kurz vor dem Schwanzstück heraus schaut. Eine ganz simple Methode, einen zweiten Haken einzuziehen, sehen Sie auf den Fotos in diesem Kapitel.

Die Idee dazu hatte ich beim Heilbuttangeln am Skjerstadfjord bei Bodø. Nachdem der örtliche Guide uns geraten hatte, die Gummis mit einem zweiten Greiferhaken zu versehen, um Fehlbisse zu unterbinden, begannen wir wie wild herum zu basteln, mit kurzen Extra-Schnüren zu knoten und so weiter. Richtig befriedigend war das alles nicht – dafür aber sehr aufwändig. Bis ich darauf kam, einen großen Einzelhaken mit einem Hakenöhr, das sich über die Hakenspitze des ersten Haken schieben lässt, einzusetzen.

Ich halte nur den entsprechend passenden Haken an den aufgezogenen Gummifisch, schneide einen kleinen Schlitz in den Rücken des Gummifisches und führe den Haken mit dem Öhr voran in das Gummi. Das Öhr sollte genau dort wieder herauskommen, wo der erste Haken austritt. Dann biege ich den Gummifisch in einem 90-Grad-Winkel und schiebe das

Öhr über den ersten Haken, der ja meist in das Bleigewicht eingegossen ist. Nun alles ein bisschen zu Recht zupfen – fertig ist unser Zweihaken-System für den Gummifisch. Super simpel – aber enorm effektiv! Am besten eignen sich für den zweiten Haken klassische, langschenklige J-Haken mit großem Öhr.

Die Bisse beim Angeln mit Kunstködern fallen meist vehement und aggressiv aus. Oft ist die Rute blitzartig krumm und der Fisch geht mit der ersten Flucht sofort in die Bremse. Jetzt entscheidet sich meist, ob der Haken gut sitzt oder der Fisch gewinnt …

Beim Angeln mit Naturködern gibt's dagegen häufig einen Schlag in die Rute – dann herrscht einen Moment lang Ruhe. Dann erfolgt der richtige Biss und ein größerer Fisch macht dann auch keine Kompromisse und zieht die Rutenspitze sehr bestimmt mit viel Kraft Richtung Wasseroberfläche.

Eher selten »nuckeln« bessere Butte länger am Köder, so dass man schon glaubt, ein Wittling oder Schellfisch vergreife sich an der Beute und dann entpuppt sich das vermeintliche Kleinvieh doch plötzlich als guter Butt.

■ Einfach, aber effektiv: herkömmlicher Gummifisch mit zweitem Haken präpariert.

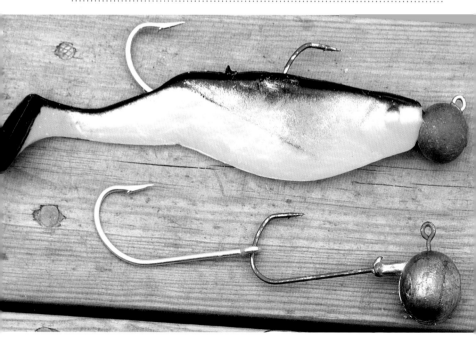

Drill & Landung

■ Ein Butt hat gebissen: Heftige Drillszenen und reichlich Adrenalin sind garantiert.

Bei den meisten Fischarten, auch den größeren, die wir in Norwegen erbeuten, verläuft der Drill eher unspektakulär – es sei denn, wir drillen einen großen Fisch an sehr leichtem Gerät. Leng und Lumb unternehmen keine langen Fluchten, auch Dorsche sind keine pfeilschnellen Unterhaltungskünstler. Am ehesten lässt sich der Drill einen respektablen Buttes (also bis etwa 50 Pfund Gewicht) noch mit dem Kampf mit einem gleich großen Seelachs vergleichen.

Beide unternehmen im Drill lange, sehr schnelle Fluchten in eine Richtung (meist nach unten ins Tiefe!). Der Unterschied besteht darin, dass der Heilbutt ausdauernder ist und ihm Druckunterschiede beim raschen Wechsel der Wassertiefen nicht so viel ausmachen wie dem Köhler, der – anders als der Butt – über eine Schwimmblase verfügt und Probleme mit dem Druckausgleich bekommt (ähnlich wie ein Taucher).

Während ein an die Oberfläche gedrillter Seelachs meist „Weiß" zeigt und sich widerstandslos landen lässt, veranstaltet der Butt selbst direkt vor dem Boot oft ein wildes Spektakel, bei dem viele Fische noch verloren gehen. Es gibt sicherlich keinen anderen Fisch in Norwegen, der so oft kurz vor der Landung noch stibitzen geht. Auch das macht den Drill und Fang eines Heilbutts so spannend für uns.

Mit viel Geduld lassen sich selbst Butte von 200 und mehr Pfund an (gutem) 30-lbs-Gerät bei entsprechender Geflochtener (mindestens 20 Kilo Tragkraft) ausdrillen und landen. Und je größer der Butt ist, desto

■ Ein Butt »explodiert« vor dem Boot: Vor allem wenn der Kopf des Fischs in der Endphase des Drills aus dem Wasser gehoben wird, schütteln viele Butte den Haken wieder raus und gehen noch verloren.

ausgedrillter sollte er vor der Landung sein. Lieber den Fisch noch einmal Schnur nehmen lassen, bevor man das Risiko eingeht, ihn doch noch bei seinen wilden Eskapaden am Boot bei der Landung zu verlieren. Versuchen Sie keinesfalls, einen größeren Butt in seiner Flucht abrupt zu stoppen. Schnur-, Ruten-, Rollen- oder Vorfachbruch wären die Folge.

Einen gut ausgedrillten Butt zu landen, ist einfacher als einen noch kämpferischen, aber immer noch eine heikle Angelegenheit. Grundsätzlich sollte sich an Bord ein stabiler, großer Bootskescher mit Metallbügel und -halterung befinden. Dieser reicht für Heilbutte bis etwa 30 Pfund aus und erlaubt eine relativ sichere Landung.

Wichtig (nicht nur beim Keschern von Heilbutten): Der Fänger führt den Fisch über den Kescher, während der Helfer mit dem Netz dieses ruhig ins Wasser eingetaucht festhält. Bloß nicht mit dem Kescher hinter dem Fisch hinterher fuchteln oder gar hinterher schlagen. Damit machen Sie selbst einen abgekämpften Butt noch einmal so richtig fuchsteufelswild. Beim Fischen mit Drillingen besteht eine große Gefahr, dass sich die Haken im Außennetz verfangen. Dann ist der Fisch in der Regel verloren.

Wenn die Haken fürs Keschern ungünstig sitzen, sollte lieber das Gaff zum Einsatz kommen. Einen solchen Landehaken sollte jeder Heilbuttangler an Bord haben. Und zwar einen ausreichend großen und robusten. Auch beim Gaffen gilt die gleiche Art und Weise wie beim Keschern. Das Gaff wird allerdings langsam ohne hektische Bewegungen unter den vorderen Bereich des Fisches geführt und dann mit einer raschen, sprunghaften Bewegung in den Butt gestoßen. Am besten gaffen Sie einen Butt im Maul, dann können Sie ihn gut an Bord ziehen. Nun sollten Sie kräftig zupacken, denn ein gegaffter Butt schlägt wie wild um sich und entwickelt enorme Kräfte.

Für Fische über 30 Pfund ist die effektivste und sicherste Landehilfe die berühmte Heilbuttharpune. Ich habe 1999 ein Exemplar aus Kanada mitgebracht – das war vermutlich die erste Heilbuttharpune, die in Norwegen zum Einsatz kam. Denn zu diesem Zeitpunkt gab es in Deutschland noch keinen Anbieter für dieses Spezialgerät. Auf vielen Messen habe ich die Harpune dann gezeigt und bald rüsteten sich viele, die es ernsthaft auf Butt probieren wollten, mit diesem nützlichen Utensil aus.

■ Gekonnte und geglückte Landung eines Buttes mit dem Gaff.

Heilbuttharpune

Sie funktioniert folgendermaßen: Auf einem mindestens 40 Zentimeter langen Metallstab sitzt eine scharfe Metallspitze, die aufgesteckt ist und am besten durch O-Ringe aus Gummi auf ihrem Platz gehalten wird. An der Spitze befindet sich ein Seil. Der Metallstab steckt in einem etwa 1,80 Meter langen Griffteil aus Holz oder Metall. Der Heilbutt sollte nur dann harpuniert werden, wenn er mit der flachen Seite horizontal vor dem Boot liegt – nicht wenn er senkrecht vorm Boot im Wasser steht. In waagerechter Lage bietet er seine größte Fläche und man kann besser zielen.

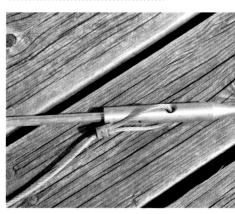
■ Harpune mit aufgesetzter Spitze

■ Ist der Butt harpuniert, wird der Stab zurück gezogen, die mit einer Leine gesicherte Spitze löst sich und verkeilt sich quer liegend an der Unterseite des Buttes.

■ Hier sollte die Harpune den Butt im Idealfall treffen.

Grundsätzlich gilt beim Landen eines Heilbutts: Niemals den Kopf des Fisches an der Schnur aus dem Wasser lupfen – der Butt reagiert mit Panik und setzt noch mal all seine Kräfte ein, um zu entkommen. Besser: Gelangt der Butt an die Oberfläche – ein abgekämpfter Fisch kommt meist senkrecht nach oben – den Druck etwas abschwächen, damit sich der Fisch in die Waagerechte legt.

Der »Harpunierer« sollte nun mit der Spitze auf die Brustflosse hinter dem Kiemendeckel zielen und kräftig zustoßen. Sofort das Harpunengriffteil ruckartig herausziehen, damit sich die Spitze löst. Diese wird sich quer wie ein Stopper an die Buttunterseite klemmen, wenn die Leine auf Spannung gebracht wird. In der Regel hat der Fisch jetzt verloren. Sehr große Fische sind allerdings in der Lage, selbst einem kräftigen Mann die Leine aus der Hand zu reißen. Deshalb sollte die Leine immer vor dem Harpunieren an Bord befestigt werden. Und zwar so, dass nicht viel Leerleine zwischen Fisch und Belegpunkt entsteht, weil die Kräfte, die dann durch den gewaltigen Ruck entstehen würden, wenn der Butt wieder abtaucht, Klampen oder ähnliches aus dem Boot herausreißen könnten.

Der harpunierte Fisch wird nicht allein an der Leine an Bord gezogen, sondern zusätzlich mit einem Gaff, das im Maul verankert wird, ins Boot gebracht. Fischen Sie von einem kleinen, wackligen Boot und sehen plötzlich nach stundenlangem Drill einen Butt vor sich, der die Maße Ihres schwimmenden Untersatzes hat, sollten Sie darauf verzichten, ihn ins Boot zu laden. Dann hilft nur noch der Versuch, den Fisch mit einem

Messer außenbords zu kehlen, ihm anschließend eine Leine durch den Unterkiefer zu führen und ihn langsam an Land zu schleppen.

Ein Heilbutt von über 100 Pfund ist durchaus in der Lage, einem Kunststoff-Boot erhebliche Schäden zuzufügen. Dann haben Sie im ungünstigsten Fall zwar den Butt im Boot – sinken aber mit Mann, Boot und Butt in die Tiefe – keine wirklich zufrieden stellende Lösung. Der Butt ist an Bord und schlägt wie verrückt mit der Masse seines Körpers. Ein Geräusch, das bei ruhiger See kilometerweit zu hören ist. Was tun? Knien Sie sich direkt hinter dem Kiemendeckel auf die Mittelgräte des Fisches. So blockieren Sie das Bewegungszentrum des Butts. Denn von hier holt er sich seine Kraft für seine wellenförmigen Bewegungen, mit denen er auch schwimmt.

Das richtige Gerät

Wer sich mit diesem kampfstarken Fisch ernsthaft anlegen möchte, sollte nur erstklassiges Angelgerät einsetzen. Billigrollen, 2.-Wahl-Schnüre und schlechte Haken finden hier keine Verwendung. Einen guten Heilbutt bekommen Sie nicht jeden Tag ans Band. Da wäre es doch nur zu ärgerlich, wenn ein solcher Fisch, der endlich angebissen hat, wegen technischen Versagens verloren geht.

Bei meiner Heilbuttausrüstung mache ich deswegen keine Kompromisse. Zwei Garnituren benötige ich: eine zum Grundangeln oder extrem schweren Pilken und eine zum Fischen mit Gummifisch oder leichten Pilkern. Da auf Heilbutt in Norwegen in der Regel nur bis maximal 100 Meter Tiefe gefischt wird, benötige ich auch nicht so schwere Bleie. 500 Gramm reichen meist aus. Maximal setze ich bis 800 Gramm schwere Grundbleie zum Naturköderfischen ein.

Nach meiner Erfahrung vermindert schnelles Driften die Fangaussichten erheblich, deshalb fische zu Zeiten starker Drift (Tideströmung, Wind) nicht auf die Flachmänner, sondern erst, wenn's wieder ruhiger wird. Für das Grundangeln oder schwere Pilken setze ich eine »20 lbs Rainer Korn Deep Sea Stand Up«-Bootsrute in zwei Metern Länge ein. Dieses Modell ist die leichtere Variante meiner 30-lb-Rute, die zur Standard-Naturköderrute in Norwegen geworden ist und die seit ihrem Erscheinen von vielen anderen Herstellern verzweifelt zu kopieren versucht wird (zum Glück bisher ohne Erfolg!).

Die Deep Sea Stand Up hat sich zur Referenzrute für Naturköderangler entwickelt.

Wenn Sie sich eine Bootsrute für den Heilbuttfang zulegen möchten, sollten Sie besonders auf folgende Punkte achten: das Gewicht – die Rute darf nicht zu schwer sein und sollte ausgewogen in der Hand liegen. Deswegen sollten Sie an Ihre anvisierte Rute zum Ausprobieren die Multirolle dran schrauben, die Sie später hauptsächlich fischen möchten. Bereits im Angelladen können Sie so einigermaßen feststellen, ob die Kombination harmoniert. Die Rute sollte zwischen 1,80 und 2,20 Meter lang sein, über ein kurzes, so genanntes »Stand up«-Griffteil verfügen (damit lässt sich komfortabler und Kräfte schonender fischen und drillen) und stabile Ringeinlagen haben. Denn schlägt die Rute während der teils kräftigen Schläge eines gehakten Buttes auf die Bordwand, dürfen die Einlagen nicht gleich herausfliegen – Schnurbruch wäre die unvermeidliche Folge.

Bei meiner »RK Stand Up«-Rute habe ich aus diesen Gründen auf Ringeinlagen komplett verzichtet. Ihre Ringe bestehen aus speziell legiertem Messing, denen weder geflochtene Schnüre noch Salzwasser etwas anhaben können.

Außerdem wichtig: Auf keinen Fall einen Spitzenrollerring (auch Roller-Endring genannt) einsetzen! Denn unsere ultra-dünnen Hochleistungs-Geflochtenen schieben sich gern zwischen Rollerring und Halterung und setzen sich dort fest. Dabei reißt die Schnur schneller, als Sie Butt sagen können! Mir sind erst sehr wenige Rollerendringe unter gekommen, die so eng gearbeitet sind, dass die Gefahr des Eindringens der Geflochtenen sehr gering ist. Aber warum überhaupt ein Risiko eingehen, wenn es mit dem Verzicht von Rollerringen gänzlich vermieden werden kann?

Ihre Heilbuttrute sollte außerdem über einen Rollenhalter aus Metall verfügen. Denn die Multi muss ordentlich fest und gekontert aufgeschraubt werden, damit sie im Drill nicht plötzlich zu wackeln beginnt oder im schlimmsten Fall sogar abfällt. Bei Rollenhaltern aus Kunststoff kann es passieren, dass diese während des festen Anschraubens der Multi zerbrechen.

Da ich fürs Angeln auf Heilbutt ausnahmslos Geflochtene empfehle (dazu später mehr), sollte die Rute eine semiparabolische Aktion aufweisen. Brettharte Stöcke mit unsensiblen Spitzen sind fehl am Platz und ihr Einsatz führt zu Fischverlusten durch Hakenausschlitzen. Die meisten im Handel erhältlichen Stand up-Ruten sind erstens meist zu kurz und in der Regel zu hart fürs Heilbuttfischen.

Denn sie sind für eine ganz andere Angelmethode entwickelt worden. Und zwar fürs stehende Fischen mit speziellen Rücken- und Hüftgurten auf große, kampfstarke Big Game-Fische wie Tun, Marlin oder Sailfish – und zwar mit monofilen Schnüren! Diese Ruten fallen entsprechend hart und kurz aus – fürs Heilbuttfischen oder selbst fürs herkömmliche Naturköderangeln sind sie deshalb nicht geeignet.

Ihre weichere Heilbuttrute sollte einen Kreuzabschluss aus Metall haben, um diesen während des Drills in einen Gimbal (Hüftgurt für die Rutenaufnahme) stecken zu können. So lässt sich wesentlich komfortabler und schmerzfreier drillen. Wichtig beim Gimbal: Er muss einen quer sitzenden Metallsteg haben. Denn in diesen klinken wir das Rutenkreuz ein, damit die Rute während des Drills nicht hin- und herrutscht.

Erst wenn wir uns ganz auf den Butt und seine plötzlichen, vehementen Fluchten konzentrieren können, ohne von einer rutschenden Rute oder einer wakkelnden Rolle abgelenkt zu werden, bestehen gute Chancen, auch einen größeren Flachmann zu landen.

Wessen Multi über Einhängeösen verfügt, der sollte sich auch die Anschaffung eines Rückengurtes mit Karabinern zum Einklinken in die Rolle oder eines Harness überlegen. Wenn Sie den Harness im Laden anprobieren, denken Sie bei der Auswahl der Größe daran, dass Sie im Normalfall noch ihren Schwimmanzug darunter tragen! Enger schnallen ist meist kein Problem – doch wenn die Bänder zu kurz sind, hilft nix mehr.

■ Ein Gimbal schützt die Leistengegend vor blauen Flecken und unterstützt den Heilbuttangler bei längeren, harten Drills mit großen Fischen.

Rollenspiele

Zur optimalen Heilbutt-Multi ist nur wenig zu sagen: Sie sollte mindestens 500 Meter Geflochtene aufnehmen können, robust sein (vor allem das Getriebe) und über eine ruckfrei ablaufende Bremse verfügen. Noch besser ist es, wenn sie in zwei Gängen zu kurbeln ist und Einhängeösen für Sicherungskarabiner hat. Eine Schnurlaufführung ist nicht nur unnötig, sondern sogar fehl am Platze: Denn bei den rasanten, weiten Fluchten eines Heilbutts kann diese versagen und sich verklemmen – dann ist ein besserer Butt mit Sicherheit bei der nächsten Flucht weg.

Vertrauen Sie einer Qualitätsmulti aus Metall mit extra kräftigem Getriebe. Sehr gute Heilbutt-Multis

■ Robuste Multis wie diese Penn International 16 VSX sind erste Wahl zum Heilbuttangeln.

sind die Penn International Rollen 16 VSX, 20 T oder auch die Graph Lite GLD (Carbongehäuse). Einfach, aber bewährt und ultra stabil: die Penn Special Senator 113 H mit höherer Übersetzung. Von Shimano sind die teuren Tiagra 20A sowie die Torsa 20 Top-Rollen, genauso wie die bereits legendäre TLD-2Speed mit Graphitgehäuse. Ebenso legendär (und gut) ist die Daiwa Sealine 400 oder die LD-II aus gleichem Haus mit Zweigang sowie einige Modelle des US-Herstellers Avet.

Mit World Fishing Tackle (WFT) habe ich die Vollmetallmulti »Rainer Korn Deep Sea N« entwickelt: Sie bietet zwei Übersetzungen, 1:2 und 1:4, eine stufenlos arbeitende Schiebebremse, ein sehr kräftiges Edelstahlgetriebe und sogar eine weltweit einmalige Umstellmöglichkeit von Rechts- auf Linkshandbetrieb.

Die einfacheren (über Jahrzehnte bewährten Modelle), wie die Daiwa Sealine oder die Senator von Penn, besitzen Sternbremsen und jeweils nur einen Gang. Zwei Gänge und Schiebebremse sind wesentlich komfortabler zu fischen, aber nicht zwingend notwendig für den Fang eines großen Heilbutts.

Die relativ neuen Elektro-Multis eignen sich natürlich auch für den Fang von Heilbutten. Mir wurde von einem dreistündigen Drill eines riesigen Buttes berichtet, der über die E-Rolle von Daiwa geführt wurde. Die Multi machte das alles klaglos mit, das Kabel zur Batterie gab jedoch nach drei Stunden seinen Geist auf und schmorte durch! Der Fisch, schon zwei Mal an die Oberfläche gebracht, konnte sich daraufhin noch befreien und schwamm davon.

Grund für das Durchschmoren des Kabels war, dass es an die Bootsbatterie angeschlossen war. Eine zu hohe Stromaufnahme durch die Bootsbatterie sowie der stundenlange Drill führten letztlich zum Defekt. Als später ein neues Kabel an die Rolle angeschlossen wurde, funktionierte diese tadellos. Die Daiwa-Rolle, obwohl ich sie selber noch nicht getestet habe, scheint also auch dem Drill eines großen Heilbuttes gewachsen zu sein.

Ebenso wie die Dendou-Maru von Shimano – eine super robuste E-Multi mit gewaltiger Schnurfassung (900 Meter 25-Kilo-Schnur). Die kleineren Ryobi-E-Multis sind eine Nummer zu klein für einen wirklichen großen Heilbutt – da sollten Sie eher auf die größeren Ryobi-Modelle zurückgreifen. Ich persönlich bevorzuge allerdings zum Heilbuttangeln eine manuelle Multi, da hierbei meine bevorzugten Angeltiefen zwischen 20 und 80 Metern liegen. Außerdem bin ich ein Freund der Schiebebremse – und die gibt's bei elektrischen Multis nicht – genauso wenig wie Einhängeösen, was ich bei den E-Multis auch beim Tiefseefischen schmerzlich vermisse.

Gerät fürs Spinnfischen

Wer mit leichteren Pilkern, Gummifischen oder auch schweren Blinkern (zum Beispiel Wallerblinkern) angelt, der benötigt leichteres Gerät. Der Köder wird schließlich stundenlang geführt – da würde eine schwere Ausrüstung schnell zu Ermüdungserscheinungen führen. Trotz leichterer Gerätezusammenstellung darf das selbstredend nicht bedeuten, einem größeren Butt nichts mehr entgegensetzen zu können. Ich muss also zwischen Handlichkeit und Stärke abwägen. Da gerade beim Angeln mit Gummifisch oder Blinker meist geworfen wird, bevorzuge ich für diese Methode eine Stationärrolle. Klar, dass die ausreichend groß dimensioniert sein und wirklich robust ausfallen sollte. Da bleibt auf dem mitteleuropäischen Markt nicht viel Auswahl. Als Heilbutt tauglich gelten auf jeden Fall die hervorragenden großen Stellas von Shimano (zum Beispiel in der 6000er Größe), die Saltiga von Daiwa und die technisch einfacher gehaltene, aber ebenso robuste Slammer

■ Wird in der ganzen Welt von Großfisch-Experten gefischt: die Shimano Stella 6000 oder größere Versionen bis 10000.

560 oder eines der Spinfisher-Modelle – beide von Penn. Alle genannten Rollen kosten ein paar Euro mehr – wer es aber ernst meint und auch einem kapitalen Butt Paroli bieten möchte, der kommt um eine solche Anschaffung nicht herum.

Bei den Ruten ist die Auswahl größer und da kommen auch persönliche Anforderungen an eine schwere Spinnrute mehr zum Tragen. Ihr Wurfgewicht sollte zwischen 50 und 250 Gramm liegen, die Länge zwischen 2,40 und drei Meter. Auch diese Rute sollte nicht bretthart ausfallen und darf in der Spitze ruhig etwas sensibler sein. Schließlich wollen wir ja jeden Kontakt fühlen und dem Köder verführerisches Leben einhauchen. Das Rückgrat muss wiederum bärenstark sein, um großen Flachmännern etwas entgegensetzen zu können. Speziell für diese Angelei habe ich meine Popp & Pilk zusammen mit WFT entwickelt.

Diese schwere Spinnrute verfügt sogar noch über einen Kampfgriff oberhalb des herkömmlichen Griffteils. Da können Sie sich so richtig gegen den Fisch stemmen. Die Popp & Pilk eignet sich übrigens auch prima zum Spinnfischen in südlichen Gefilden – zum Beispiel auf die super kampfstarken Giant Trevallys (GTs, Dickkopfmakrelen). Die werden häufig mit 100 Gramm schweren Oberflächenwobblern geangelt – so genannten Poppern. Daher auch der Name der Rute: Popp & Pilk eben. Achten Sie auf das Gewicht der Rute. Je leichter, desto handlicher für einen langen Angeltag. Aber sie muss trotzdem stabil genug sein, um es auch mit kapitalen Brocken aufnehmen zu können.

■ Die Rainer Korn Popp & Pilk – eine ungewöhnliche Rute mit Kampfgriff und feinfühliger Aktion.

Feine Leine

Für mich kommt zum Fischen auf Heilbutt ausschließlich Geflochtene zum Einsatz – egal ob beim schweren Grundfischen oder beim Spinnangeln. Der Kontakt, ob zum Köder oder Fisch, ist einfach unschlagbar. Außerdem bietet mir Geflochtene größere Reserven, da ich wesentlich mehr von ihr auf die Rolle bekomme. Ebenso kommt der Anhieb besser durch, da die Geflochtene kaum Dehnung hat. Für mich überwiegen die Vorteile von Geflochtener so deutlich, dass ich zum Meeresangeln kaum noch Monofile einsetze. Allerdings sollten Sie immer darauf achten, eine sensiblere Rute zu fischen. Sie muss heftige Attacken, besonders die brettharten Schläge eines großen Buttes, abfedern können, sonst ist die Gefahr zu groß, dass der Haken ausschlitzt. Selbst wenn Sie sich mit wirklich kapitalen Flachmännern anlegen möchten, reicht eine 25 Kilo tragende Schnur aus. Hängen Sie einmal eine Waage an den Karabiner der Hauptschnur und belasten Sie Ihre Rute so stark es Ihnen möglich ist. Am besten funktioniert das zu zweit. Sie werden überrascht sein, welche Kilozahl Ihnen die Waage anzeigt. Bei einer 30-lb-Rute werden Sie es kaum schaffen, eine Belastung von über zwölf Kilo zu erreichen. Dann beschreibt Ihre Rute wahrscheinlich schon einen Halbkreis, der einem Angst und Bange macht.

Wussten Sie schon, ...

... dass die Kurzform fürs englische Pfund, lb oder lbs, aus dem Lateinischen stammt? Lb kommt vom Wort Libra, was Waage bedeutet. Da auf den Märkten die Waren auch früher schon mit Waagen abgewogen wurden, hat sich im angelsächsischen Bereich die Abkürzung lb fürs lateinische Wort Libra (Waage) bis heute gehalten. Ein englisches Pfund, also ein lb sind 454 Gramm, 46 Gramm weniger als unser Pfund, das exakt 500 Gramm wiegt.
Eine 30-lb-Rute ist eine Rute, deren Spitze mit dem Griffteil einen 90-Grad-Winkel bildet (einen perfekten Halbkreis), wenn 30 englische Pfund (27,22 »deutsche« Pfund oder 13,61 Kilo) Gewicht am Ende der Schnur hängen.

Klein, aber fein

Wer sich mit großen Fischen, vor allem Heilbutt, anlegen möchte, der sollte besonderes Augenmerk auf die Kleinteile legen. Nichts ist ärgerlicher, wenn der richtige Butt endlich gebissen hat und der Wirbel gibt im Drill seinen Geist auf! Deshalb gilt für mich nicht nur beim Heilbuttangeln: Das schwächste Glied aller Komponenten meiner Ausrüstung muss noch dem stärksten Butt Paroli bieten können.

Deshalb lege ich besonderen Wert auf Qualitätszubehör. Karabiner, Wirbel, Haken und Sprengringe müssen 1a-Qualität sein, sonst haben sie an meinen Montagen nichts zu suchen. Vor allem Karabinerwirbel sind eine tückische Falle. Wer auf Nummer sicher gehen will, verzichtet auf Karabiner und verwendet nur einen Wirbel, an den Vorfach und Hauptschnur gebunden werden. Um Vorfächer einzuhängen, können auch

Karabinerwirbel benutzt werden. Sehr gute mit ultra-großer Tragkraft sind für diesen Zweck zum Beispiel der Søvik von Sølvkroken oder der CrossLock von Berkley.

Wenn Sie Karabinerwirbel nehmen, die sonst fürs Big Game auf Marlin und Tun gedacht sind, machen Sie garantiert nichts verkehrt. Soll ein Kunstköder in den Karabinerwirbel eingehängt werden, sind ebenfalls große „Big Game"-CrossLocks erste Wahl. Benutzen Sie dafür auf keinen Fall die Søviks oder ähnliche Nachbauten. Sie können während heftiger Attacken im Drill kurz aufspringen und biegen dann auf. Ich habe bereits einige große Fische verloren gehen sehen, weil genau das im Drill passiert ist. Wie gesagt, ein Top-Karabinerwirbel – aber nicht für die Endmontage des Köders!

■ Circle-Haken: Langleinenfischer verwenden ihn zum Fang von Heilbutten. Angler dürfen beim Fischen mit dem Kreishaken bei einem Biss nicht anschlagen, sondern nur gegen halten! Der Butt dreht sich den Haken beim Wegschwimmen selbst ins Maul.

Knoten oder Klemmhülsen? Diese Frage stellen sich viele Großfischangler. Nun, wenn Sie eine 1,5 Millimeter starke Vorfachschnur mit einem haltbaren Knoten versehen können, dann geht das vollkommen in Ordnung. Ich persönlich knote meine Norwegen-Vorfächer in der Regel. Für monofile Vorfächer werden zum Klemmen Doppelquetschhülsen eingesetzt – die Einfach-Hülsen sind für Stahl gedacht. Wenn Sie Klemmhülsen verwenden möchten, legen Sie sich eine professionelle Klemmzange aus dem Angelfachhandel zu – mit der Kombizange wird das nichts.

■ Um Heilbuttplätze zu finden und vor allem wieder zu finden, sind moderne Hand-GPS-Empfänger, die Seekarten anzeigen können (Kartenplotter), optimal.

Ausblicke

Nun haben Sie das nötige Rüstzeug für den großen Flachmann. Jetzt heißt es, eines der genannten Top-Buttreviere aufzusuchen, das richtige Gerät zu satteln und den Köder anzubieten, der Ihnen den Monsterbutt bringt. Aber denken Sie bitte daran: Das Wichtigste für den Großbuttangler ist Geduld! Denn trotz perfekter Vorbereitung und dem besten Angelgerät, den leckersten Ködern und dem Top-Butt-Revier: Heilbutt angeln an sich ist bereits ein Geduldspiel – das gezielte Fischen auf kapitale Butt gestaltet sich noch eine Spur härter. Lassen Sie sich nicht entmutigen, wenn eine Tour mal daneben geht. Wer Ausdauer hat und seine Ausrüstung weiter perfektioniert, wird ihn irgendwann ans Band bekommen: den Fisch des Lebens, die Mutter aller Heilbutte ...

Kurz & kompakt: Heilbutt

Top-Reviere: Mitte Norwegen (Hitra) und Nordnorwegen.
Optimale Fangtiefe: 10 bis 100 Meter.
Top-Monate: Mai bis August.
Top-Köder für Kapitale: Svenske Pilker (Bergmannpilker) bis 1.000 Gramm, große Gummifische (20 bis 30 Zentimeter), ganze Köderfische (Seelachs, Schellfisch und ähnliches bis ein Kilo Gewicht), Fischköpfe, Heilbuttjigger mit Fischfilet, Rainer Korn Giant Jigger mit Fischfilet, Giant Jighead mit 25 Zentimeter Gummifisch.
Top-Gerät: fürs Naturköder- und schwere Pilkangeln 30-lb-Rute, hochwertige Multi ohne Schnurführung, Schnurfassung mindestens 500 Meter einer 25 Kilo tragenden Geflochtenen; fürs Spinn- und Gummifischangeln möglichst leichte Pilkrute, Wurfgewicht 50 bis 250 Gramm, 2,40 bis 3 Meter lang. Absolute Top-Stationärrolle von Shimano, Penn oder Daiwa, Schnurfassung mindestens 300 Meter einer 20 Kilo tragenden Geflochtenen.
Landehilfen: stabiles Gaff, großer Kescher mit Metallbügel und Metallfassung, Heilbuttharpune, fünf Meter Leine für eventuelles Vertäuen eines großen Buttes außenbords.
Sonstiges: auf Qualität und Stärke bei Kleinteilen (Wirbel, Karabiner und so weiter) achten.
Top-Eigenschaften des Anglers: Geduld und Ausdauer!

Heilbutt: So lebt und liebt er

Der Atlantische Heilbutt (lat. *Hippoglossus hippoglossus*), auch als Weißer Heilbutt bezeichnet (weil es auch noch den Schwarzen Heilbutt gibt), ist der größte vor Norwegen vorkommende Plattfisch. Er gehört zu den *Pleuronectidae,* den rechtsäugigen Plattfischen. Das Verbreitungsgebiet reicht von Kanada über Grönland, Island und Norwegen bis zur Barentssee.

Weiße Heilbutte haben einen lang gestreckten, muskulösen Körper. In Höhe der Brustflosse bildet die Seitenlinie einen ausgeprägten Bogen. Im Vergleich zu anderen Plattfischarten sind sie sehr wanderfreudig und können große Strecken zurücklegen. Die Hauptnahrung reicht von verschiedenen Fischarten bis zu Tintenfischen und Kraken, auch Krebse werden nicht verschmäht. Während jüngere Heilbutte meist Sandaale, kleine Plattfische und Heringe fressen, findet man in den Mägen größerer Butte nicht selten Lumbs, Seelachse und andere Dorschverwandte, ebenso mittelgroße Rotbarsche. Die Männchen bleiben kleiner als die Weibchen, die 3 bis 4 Meter Länge bei Gewichten von über 300 Kilo erreichen können. Das Maximalalter beträgt 50 Jahre.

Ein Weibchen kann pro Laichsaison mehrere Millionen Eier abgeben, die etwa 4 Millimeter groß sind. Wenn die daraus geschlüpften Larven ihre Metamorphose abgeschlossen haben, gehen sie bei einer Länge von 5 bis 7 Zentimetern zum Bodenleben über, nachdem sie sich im Freiwasser von Plankton ernährt haben.

Weiße Heilbutte kommen in Bereichen bis zu 1.000 Meter Wassertiefe vor. Das betrifft allerdings eher die größeren Fische, kleinere leben meist in flacheren Zonen. Es kann aber durchaus sein, dass sich der eine oder andere Heilbuttriese in einem flachen, sandigen Randbereich eines Fjordes sonnt. Es passiert auch, dass große Heilbutte über tiefem Wasser in Oberflächennähe auf Jagd gehen. Ich habe selbst einmal erlebt, wie ein Köhler, den ich herandrillte, von einem großen, dunklen Schatten verfolgt wurde (der dann leider wieder abtauchte). Vor einigen Jahren war eine Gruppe Deutscher Angler mit dem Ausnehmen von Fischen beschäftigt, während ihr Boot langsam über den Skjerstadfjord bei Bodø trieb. Plötzlich gab es einen Wasserschwall, und eine neben dem Boot sitzende riesige Raubmöve war verschwunden. Im Maul eines Heilbutts, den die Petrijünger auf weit über zwei Meter schätzten!   Michael Janke

Die Großen vom Grund

Der Fang eines kapitalen Leng oder Lumb krönt so manchen Norwegentrip. Doch wer sich ernsthaft und gezielt mit den Großen am Grund anlegen möchte, der muss tief hinab. Meist gilt: je tiefer, desto größer.

Galt Mitte der 1990er Jahre noch ein 20pfündiger Leng als kapital, so dürfte die Hürde zum Kapitalen heute bei 30, eher noch bei 40 Pfund liegen.

Rainer Korn mit massivem Leng aus Nordwest-Hitra.

Das hat zwei Gründe: Zum einen ist der Bestand an Lengs in den vergangenen zwei Jahrzehnten enorm angestiegen. Zum anderen fischen mehr Angler in größeren Tiefen. Während das erste schwer zu erklären ist – irgendeine Verschiebung im Biologischen (vielleicht sind mehrere Jahre hintereinander aufgrund von äußeren Umständen besonders viele Nachkommen durchgekommen) – so ist die gestiegene Anglerzahl besonders auf bessere Ausrüstung fürs Tiefseefischen und eine zunehmende Spezialisierung zurückzuführen.

Als Anfang der 90er der große Norwegenboom begann, wurde halt zuerst mal geangelt. Standardgerät des typischen Norwegenanglers damals: Pilkrute mit 400 Gramm Wurfgewicht, große Stationärrolle, Monofile 0,60er, 300-Gramm-Pilker und vier Gummimakks darüber. Dass damit in der Tiefe gar nicht geangelt werden konnte, ist klar. Erst nach und nach gelangten die ersten Spezis in tiefere Gefilde – mit Montagen, die sich bereits nach zehn Metern hoffnungslos verheddert hatten und viel zu kleinen Haken.

Eigentlich haben wir den Trend zum Tiefseeangeln der Entwicklung der geflochtenen Schnüre zu verdanken. Der Hersteller Cormoran war damals in Deutschland der erste, der mit Geflochtener voll in die Offensive ging. Corastrong wurde zum Sinnbild der Geflochtenen schlechthin und ermöglichte uns erstmals, mit weniger Gewicht und leichteren Ruten im Tiefen zu angeln. Das moderne Tiefseefischen war eingeläutet und von da an wurden die Fänge der Angler nicht nur zahlreicher, sondern auch kapitaler. Bald trudelten in schöner Regelmäßigkeit Bilder von 20pfündigen Lengs und 15pfündigen Lumbs in unsere Redaktion. Und es zeigte sich sehr bald, dass es bessere und schlechtere Reviere in Norwegen gibt, jedenfalls was den Fang von kapitalen Lengs und Lumbs angeht.

Das Revier für Kapitale

Während es bei vielen Fischarten heißt, wenn du größere Exemplare fangen möchtest, musst du hoch in den Norden, so gilt das für Leng und Lumb nun gerade nicht. Hier ist es vor allem Mittelnorwegen, von Stavanger über Bergen und Hardanger-, Bjørna- sowie Sognefjord, bis hin zum berühmten Hitra und noch einige hundert Kilometer weiter nördlich. Das ist nun ein riesiges Gebiet und nicht überall entlang der mittelnorwegischen Küste bestehen wirklich perfekte Aussichten auf gezielt gefangene Großlengs.

■ Kapitaler Lumb (links) und Leng.

Es gibt aber einige Reviere, die unter Experten als spitze gelten und noch einige Geheimtipps, die schon viele große Fische gebracht haben, aber von der Karawane der Angelreiseveranstalter nicht erfasst worden sind – aus welchen Gründen auch immer. Solch ein Fjord ist zum Beispiel der Krossfjord östlich von Haugesund. Da interessanterweise gute Stellen für Großlengs oft sehr begrenzt sind und über Jahre hinweg eine fantastische Angelei bringen, hängt viel von davon ab, ob jemand vor Ort ist oder sehr oft in einem bestimmten Revier konzentriert auf Großfische am Grund angelt. Es gibt sicherlich noch eine ganze Reihe hervorragender Lengreviere in Mittelnorwegen, die nur kein Mensch kennt, weil keiner dort gezielt fischt. Vielleicht fängt dort ein Gastangler einmal per Zufall einen großen Leng, aber er ist nur einen Urlaub an diesem Platz und hat die Fangstelle eventuell nicht einmal in einem GPS abgespeichert.

Und die Norweger, werden Sie vielleicht fragen – die müssten doch wissen, wo die dicken Lengs vor ihren Haustüren hausen? Die Wahrheit ist: Den »normalen« Norweger interessiert das Fischen in großen Tiefen nicht – und erst recht nicht mit Naturködern. Die Einheimischen wissen über die Aufenthaltsorte von Leng, Lumb & Co. in der Regel weniger als ihre deutschen, holländischen oder schwedischen Gastangler, die in ihren Ferienhäusern wohnen. Das Wissen, dass sich einige Vermieter angeeignet haben, um ihren Gästen Tipps zu geben, stammt in der Regel von früheren Gästen, die diese Fische auf den Bootssteg abluden.

Zwar wird Leng und Lumb professionell gefischt und auch in Norwegen gegessen, aber selbst fangen tun ihn nur norwegische Angler, die in der Regel – genau wie wir – an ihren Angelplätzen nicht wohnen und sich ihr Wissen über die Standorte dieser Fische selbst erarbeiten müssen. Der Norweger, der an der Küste wohnt, ein Boot sein eigen nennt und lediglich Fische für die Küche angelt, ist auf Seelachs, Makrele und Dorsch aus, die er allesamt mit künstlichen Ködern fängt.

Deshalb verwundert es nicht, dass vor allem dort, wo der Angeltourismus recht stark ist, auch mit die ergiebigsten Fanggründe für die tief lebenden Grundfischarten liegen. Dort leben mittlerweile deutsche Guides, die viele, viele Tage im Jahr auf dem Wasser sind und laufend neue Plätze erkunden und finden. Wer also in keinem Revier so richtig heimisch ist und nicht einige hervorragende Großlengstellen kennt, der sollte sich in die Obhut von Angelguides oder Kutterkapitänen begeben, die bekanntermaßen wissen, wo der kapitale Leng wohnt.

Ob es nun Michael Naunheim vom Bjørnafjord ist (Insel Tysnes bei Bergen; www.tysnes.com), Enrico Wyrwa von Nordwest-Hitra (Kvenvaer; www.hitra.com), Uwe Bertram von Hitra/Festlandseite (Vingvagen, www.andrees-angelreisen.de), Karsten Schröder (Nordwest-Hitra) und Jürgen Boucher (Gesamt-Hitra und umliegende Inseln; beide unter www.hitra-turistservice.no) – sie alle und noch einige mehr kennen ihre Reviere in Sachen große Leng bestens und geben entweder fängige Tipps (wenn man in ihren Anlagen oder Häusern untergekommen ist) oder man kann sie sogar tageweise als Guides buchen.

Wer lieber mit dem eigenen Boot fischt und sich nicht zum Kapitalen chauffieren lassen möchte, der erhält zumindest das reviertechnische Rüstzeug, um an die Großen vom Grund erst einmal heranzukommen. Natürlich sind es auch Magazine wie KUTTER & KÜSTE, die immer wieder detailliert Reviere vorstellen – und mit ihnen Fangplätze für Leng und Lumb, mit der Angabe von GPS-Positionen, um diese Stellen relativ einfach zu finden. Deshalb gehört für mich der GPS-Empfänger, noch besser ein Seekartenplotter, zur unverzichtbaren Grundausstattung zum

■ Erfolgreiche Guides wie hier Uwe Bertram, der vor Hitra fischt, wissen, wo die langen Lengs hausen.

Großlengangeln. Ich verzichte da eher auf ein Echolot, das mir auch in 300 Metern Tiefe jeden Stein anzeigt und greife lieber zum Plotter mit detailgenauer Seekarte, wenn ich vor die Wahl gestellt würde.

Tief und tiefer

Mit der zunehmenden Spezialisierung und Professionalisierung vieler Norwegenangler haben sich auch die erreichbaren Tiefen verändert. War bei uns früher bei 200 Metern Ende und Schluss, so liegt die Schallgrenze in den meisten Revieren bei 400 Metern. Die meisten kapitalen Lengs jenseits der 30 und Lumbs jenseits der 20 Pfund werden in Tiefen zwischen 150 und 300 Metern gefangen. Und obwohl es immer wieder Großlengecken gibt, die in »nur« 100 Metern liegen – in der Regel muss der versierte Großlengangler seine Köder in Tiefen um und ab 200 Metern über den Grund schleifen.

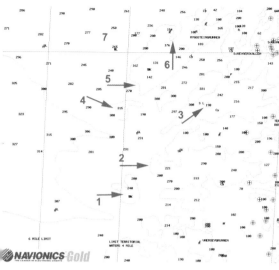

War es zu Beginn der 90er die Geflochtene, die ein richtiges Tiefseeangeln erst möglich machte, so sind es seit ein paar Jahren die neuen, leichten und handlichen Elektro-Multirollen, die ihren Siegeszug unter den Norwegenanglern angetreten haben. Als Shimano mit seiner Dendou-Maru auf den Markt kam, habe ich dem Hersteller sehr gute Verkaufszahlen prognostiziert, was sein deutscher Vertrieb mit starker Skepsis aufnahm.

■ Klassische Großlengplätze:
Kanten, Bergflanken, Senken, Gräben –
in Tiefen um 200 Meter.

Doch schon nach kurzer Zeit war Shimano, aber auch die anderen Hersteller wie Ryobi oder Daiwa, überrascht von dem Verkaufserfolg ihrer E-Multis.

Für mich, als eingefleischtem Tiefsee-Fan, der wer weiß wie viele tausend Kilometer per Hand mühsam eingekurbelt hat, war jedoch schnell klar, dass viele Norwegenangler sich ein solches Gerät, auch wenn es sehr teuer ist, zulegen würden. Noch nie konnte man so komfortabel in der Tiefe fischen, wie mit diesen elektrischen Helfern. Auch wenn einige Puristen meinen, dass das Fischen mit E-Multis nichts mehr mit »echtem« Angeln zu tun hätte.

Doch das sehe ich anders: Genauso wie ich einen Außenborder einsetze, um zum Angelplatz zu gelangen, genauso wie ich ein Echolot und GPS benutze, um Fische beziehungsweise Fischgründe zu finden, genauso nutze ich nur zu gern eine E-Multi, um mir das Fischen in großen Tiefen komfortabler zu gestalten. Wer aber ernsthaft meint, ihm bereite das tagelange Hochkurbeln von 1-Kilo-Bleien aus 250 Metern Tiefe wirkliches Vergnügen, der soll das meinetwegen weiterhin tun. Jeder muss wissen, wie er sich gerne quält.

Nun ist es nicht so, dass Sie immer und überall den Köder nur auf 240 Meter abzulassen brauchen und der Großleng wird schon zwangsläufig kommen. In einigen Revieren liegen die heißesten Ecken zwischen 150 und 200 Metern, in anderen wird's erst ab 300 so richtig interessant.

Grundsätzlich lassen sich Plätze für Großleng in zwei Kategorien einteilen. Die einen Reviere sind eher weitläufiger Natur. Das kann zum Beispiel ein mehrere Quadratkilometer großer Lehmgrund mit Hartkorallen sein, mit ein paar kleineren Mulden und Abhängen – kurzum mit recht wenig Struktur. Hier können längere Driften unternommen werden, weil die Fische nicht konzentriert an einem Platz hausen, sondern über dieses Gebiet weiträumig verteilt sind.

Dann kann es aber auch eine bizarre Felsenlandschaft sein, vielleicht nur 100 Quadratmeter groß, aber dort tummeln sich auf engem Raum gleich mehrere große Kaliber. Oder ein steiniger Abhang in 300 Metern Tiefe, auf dem ebenfalls viele Exemplare dicht zusammen liegen. Sie sehen: Den einzigen Großlenggrund gibt's nicht. Manchmal sind es sogar eher unscheinbare Plätze, an denen immer wieder gute Fänge gelingen. Weder Seekarte noch Probefischen haben irgendetwas Besonderes ergeben, aber dennoch gibt's gute Erfolge – obwohl der Grund augenscheinlich nur aus Sand zu bestehen scheint. Suchen Sie nach einigen Leitmustern für den Fang von kapitalen Lengs.

Korallen & Lehm

Hartkorallen sind strauchartige Korallen, die in mehreren hundert Metern Tiefe leben und dort am Grund haften. Bis vor einigen Jahren wusste man von ihrer Existenz so gut wie nichts. Heute weiß man, dass diese Kaltwasserkorallen sehr viel häufiger vorkommen, als früher angenommen. Sie können über einen Meter in die Höhe wachsen und sind oft auch Lebensplatz für andere Lebewesen wie Schlangensterne und Würmer. Sehr häufig kommen sie auf lehmhaltigen Gründen vor. Leider werden Hartkorallen auf Seekarten nur sporadisch aufgeführt. Aber dort, wo Sie die Abkürzungen co (engl. für corals) oder das norwegische Kr (Koraller) finden, sollten Sie einmal intensivere Bemühungen starten.

Viele Angler, die noch nicht so viel Erfahrung mit großen Lengs haben, fischen gern die Spitzen von verheißungsvollen Unterwasserbergen ab, die Sie ab 100 Metern finden. Doch meist hausen die Dicken gar nicht auf den Spitzen, sondern an den Abhängen – oder sogar am Fuß des Berges. Auch tiefe Rinnen sind bei kapitalen Lengs sehr beliebt, so lange sie nicht mit Schlamm gefüllt sind. Ebenfalls top: steil abfallende Felskanten, die in große Tiefen hinabstürzen. Sie sind schwierig zu beangeln und auch nur abwärts driftend zu befischen, wegen der Hängergefahr, aber bringen oft sehr große Fische.

Ich für meinen Teil probiere gern neue Plätze aus. Dafür suche ich mir ein Erfolg versprechendes Gebiet aus und drifte es kreuz und quer ab. Dabei kontrolliere ich immer mit Hilfe des Plotters meine Driftwege und speichere bei guten Bissen oder ungewöhnlichen Untergründen (wenn zum Beispiel plötzlich ein holpriges Steinfeld den Sandboden ablöst) die Positionen sofort ab. Auf diese Weise habe ich schon schöne neue Plätze finden können, die vorher nie bewusst beangelt worden sind.

Hin und weg

Man lernt nie aus. Dieser Umstand ist beim Angeln genauso richtig wie im übrigen Leben. Früher dachten wir, dass Lengs stationäre Fische seien, die an einem bestimmten Platz hausen, den sie nie verlassen. Wenn an unseren Top-Plätzen mal nichts ging, dann hatten die Jungs halt keinen Hunger – aus welchen Gründen auch immer.

Erst mein Freund Andreas Veltrup, einer der Pioniere der geführten Groß-
lengangelei, der nun bereits seit vielen Jahren als professioneller Fischer
vor Hitra das Wasser unsicher macht, hat mich da auf neue Gedanken
gebracht. Denn er hatte begonnen, Lengnetze zu stellen – und zwar an
sehr steilen, tiefen Kanten; aber nicht direkt am Grund, sondern etliche
Meter darüber. Einen Tag war das Netz zum Bersten voll mit knackigen
Lengs jenseits der 20 Pfund, dann war für viele Tage wieder Schicht im
Schacht und das Netz leer wie mein Konto am Monatsende. Dann war es
plötzlich wieder gut gefüllt, aber mit deutlich kleineren Fischen.

Andreas folgerte daraus, dass die Lengs regelrecht in Schwärmen umher-
ziehen. Sicherlich nicht so agil wie ein Dorschschwarm, aber durchaus
vereint hin und wieder auf Wanderschaft gingen. Wahrscheinlich sind
oft Strömungsänderungen, die auch jahreszeitlich bedingt sein könnten, Auslöser für diese Wanderungen. Das erklärt auch, warum einige
Plätze beispielsweise im Sommer besonders viele große Lengs bringen,
im Herbst aber gar nicht gut laufen. Sicher ist auf alle Fälle, dass wir viel
zu wenig wissen von dem Leben der Fische da unten in 300 Metern Tiefe.
Wir wären wohl sehr überrascht, wenn wir da mal eine Woche Mäuschen
spielen dürften. Deshalb gilt auch der Grundsatz: Probieren geht über
Studieren. Testen Sie, versuchen Sie ungewöhnliche Dinge, machen Sie
mal etwas beim Tiefseeangeln ganz anders als sonst – vielleicht kommen
Sie per Zufall auf eine ganz persönliche Methode, gezielt den Großen vom
Grund nachzustellen.

■ Großlengpionier Andreas Veltrup hat trotz der Berufsfischerei das Angeln
nicht verlernt, wie dieser 40-pfündige Leng zeigt.

Montagen & Vorfächer

Das Wichtigste an einem Tiefseevorfach ist, dass es sich nicht verheddert, wenn es abgelassen beziehungsweise hochgekurbelt wird. Das steht noch vor der Fängigkeit. Denn was nützt mir das fängigste System, wenn es nicht einmal ordentlich am Grund ankommt? Wenn Sie sich also Vorfächer ausdenken, welche die Großen des Grundes verführen sollen, müssen Sie auf diesen Umstand das Hauptaugenmerk legen.

Praktisch ist es, wenn Sie für sich nur zwei, drei Grundmuster an Vorfächern entwickeln und diese dann mit verschiedenen Haken, Lockmaterialien und ähnlichem kombinieren. Auch ich habe meine Naturködersysteme, die seit einigen Jahren im Fachhandel zu kaufen sind, über lange Jahre entwickelt und versuche ständig, sie weiter zu verbessern. Ich setze drei Montagetypen zum Fischen auf große Grundfische ein.

Paternoster: Das Paternoster-System ist eines der klassischen Angelvorfächer. Meist gehen vom Vorfach überm Blei zwei oder mehrere Mundschnüre ab, an die der oder die Haken geknotet sind. Das Paternoster ist an sich ein Erfolg versprechendes Vorfach, muss allerdings mit den korrekten Längen gebunden werden, sonst gibt's Tüddel. Auch Dreiwegewirbel oder eingebundene Mundschnüre machen hierbei keinen wirklichen Sinn: Sie sind zu schwach und/oder produzieren Verhedderungen. Ich versehe die Mundschnüre gern mit steiferen Gummischläuchen, damit sie starr bleiben und sich nicht verdrallen können. Je träger die Mundschnüre, desto geringer die Verhedderungsgefahr. Die Befestigungen der Mundschnüre am Vorfach sollten so weit auseinander liegen, dass sie sich nicht ins Gehege kommen.

Ein fängiges Paternoster aus meiner »Köderschmiede« ist das Leng Spezial. Es hat noch eine Besonderheit: Der erste Haken befindet sich rund zwei Meter überm Blei. Wenn mein Blei also auf den Grund auftrifft, baumelt der untere Köder rund zwei Meter über Grund. Ich fische das so, da vor allem größere Lengs eher etwas über Grund gezielt zu beangeln sind. Außerdem verringere ich ein wenig die Anzahl an Kleinfischbissen und auch die zum Teil nervigen Fleckhaie kann ich oft mit diesem Trick ein bisschen zurückhalten.

An die Mundschnüre sind jeweils zwei Einzelhaken hintereinander gebunden. Vor ihnen sorgen Drehlöffel und Gummi-Oktopusse für mehr Reiz. Als Hakenform verwende ich am liebsten die Wallerhakenform oder Circle Hooks (zu denen später mehr). Meine im Handel erhältlichen Systeme habe ich komplett mit Stahlhaken versehen, allerdings nicht mit den so beliebten chemisch geschärften Karbon-Haken, sondern mit Haken, die korrodieren sollen. Denn wenn ein Fisch mit einem Haken drin abreißt, bleibt der Karbonhaken eine halbe Ewigkeit lang im Fisch, was oft zum Verenden desselben führt. Was noch häufiger passiert: Bei einem Hänger reißt das Vorfach ab. Der beköderte Haken kann allerdings noch immer Fische fangen! Und wieder hätte der gehakte Fisch mit einem Karbonhaken nur geringe Überlebenschancen...

■ Optimal zum Naturköderfischen: die Wallerhakenform.

Viele Angler binden die Mundschnüre am Paternoster mit einem so genannten Dropper Loop ein, dem Beifängerknoten. Das mag für Ostseedorsche okay sein, aber nicht für 40-pfündige Lengs, die

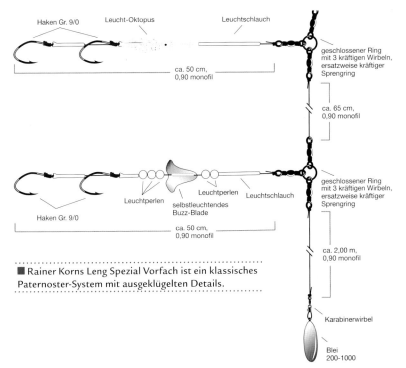

Haken Gr. 9/0   Leucht-Oktopus   Leuchtschlauch

ca. 50 cm, 0,90 monofil

geschlossener Ring mit 3 kräftigen Wirbeln, ersatzweise kräftiger Sprengring

ca. 65 cm, 0,90 monofil

Leuchtperlen   Leuchtperlen   Leuchtschlauch
selbstleuchtendes Buzz-Blade
Haken Gr. 9/0

ca. 50 cm, 0,90 monofil

geschlossener Ring mit 3 kräftigen Wirbeln, ersatzweise kräftiger Sprengring

ca. 2,00 m, 0,90 monofil

■ Rainer Korns Leng Spezial Vorfach ist ein klassisches Paternoster-System mit ausgeklügelten Details.

Karabinerwirbel

Blei 200-1000

wir aus 200 Metern gegen Strömungsdruck nach oben drehen! Anfangs hatte ich auch solche Vorfächer gebunden. Doch nach der erfolgreichen Landung eines 45-Pfund-Lengs, den ich aus 240 Metern hoch gedrillt hatte, schaute ich mir mein Vorfach genauer an. Der Beifängerknoten war durch die Dauer-Extrembelastung gebrochen! Und ich fischte immerhin eine 1,2 Millimeter starke Monofile. Von diesem Tag an knotete ich kein Tiefseevorfach mehr mit diesem Knoten, sondern suchte Alternativen.

Ich fand sie in einem geschlossenen V4-A-Ring, in dem drei kräftige Wirbel laufen. So hatte ich gleich zwei Fliegen mit einer Klappe geschlagen. Zum einen konnte nun kein Knoten mehr brechen und zum zweiten war gleich ein weiteres Problem gelöst: Zieht ein Fisch am Haken, richten sich der Wirbel, an dem das Hakenvorfach hängt, sowie der Wirbel der Hauptschnur im 180-Grad-Winkel aus. Das heißt, dass der Zug direkt, ohne Umweg, von der Hauptschnur auf den Haken wirkt. Hauptschnur und Hakenvorfach bilden eine Gerade. So hatte ich quasi nebenbei dieses Problem der Umlenkung, wie es zum Beispiel auch bei Dreiwegewirbeln auftritt, entschärft. Alle meine Vorfächer habe ich deshalb mit diesen genialen geschlossenen Ringen ausgestattet. Andere Hersteller fanden die Idee wohl auch so klasse, dass es viele gleich kopiert haben.

■ Der geschlossene Stahlring mit drei Wirbeln.

Das **Nachläufer-Vorfach**: Ebenfalls eine klassische Vorfach-Variante. Dabei läuft mindestens ein Köder hinterm Blei. Es kann fest fixiert sein, wie zum Beispiel bei der beliebten Drahtarmvariante oder es läuft frei auf der Hauptschnur beziehungsweise einem vorgeschalteten Monofilstück.

Mein erstes professionelles Tiefseevorfach war ein Nachläufersystem. Allerdings ging über dem Blei, das als Laufblei auf etwa einem Meter Monofil lief, noch ein Seitenarm mit einem Haken ab. Dieses Vorfach verhedderte sich kaum, vielleicht einmal bei hundert Mal Runterlassen. Das war absolut akzeptabel. Es erwies sich von Anfang an als sehr fängig. Viele große Lengs, Lumbs und auch Heilbutte gehen auf sein Konto. Sogar ein 60-Pfund-Heilbutt, der in 90 Metern biss, konnte diesem System nicht widerstehen. Mein Freund Basti hat diesem System sogar eine Butt-Dublette von zwei 20-Pfündern zu verdanken – seitdem vertraut er diesem System voll und ganz beim Buttangeln.

Ich nannte es ganz simpel »Naturködersystem Norwegen«, da es ein wirkliches Standardvorfach ist. Als ich einmal den oberen Seitenarm weg ließ und damit angelte, verhedderte es sich prompt! Ohne es zu wissen, hatte ich mit dem oberen Seitenarm nicht nur eine zweite Anbissstelle im System, sondern gleichzeitig eine Stabilisierungsflosse geschaffen. Denn dieser Seitenarm verhindert, dass sich das komplette Vorfach wie ein Kreisel zu drehen beginnt, wenn es hoch gezogen wird. Eines der größten Probleme beim Einsatz von Drahtarmen! Wenn Sie also gern mit einem solchen Drahtarm fischen möchten, schalten Sie einen Seitenarm darüber – das hat denselben Effekt.

Das dritte System, welches ich gern verwende, ist mein **Tiefsee-Jigger**. Er verheddert sich fast überhaupt nicht, setzt dem Wasser wenig Widerstand entgegen und produziert relativ wenige Hänger. Vor allem über zerklüftetem Grund, ebenso in Felsen, setze ich deshalb gern den Jigger ein. Dieser Tiefsee-Jigger und sein Ur-Typ, mein legendärer Heilbutt-Jigger, haben schon zahlreiche Großfische auf dem Gewissen. Ich habe in den vergangenen Jahren viele Zuschriften erhalten, in denen mir Norwegenangler von ihren tollen Fängen mit dem Jigger berichteten. Ich setze den Jigger in zahllosen Hakenvarianten ein, mit Doppel-, Einzel- und Circle-Haken, mit verschiebbaren Doppelhaken und so weiter.

■ Damit fische ich in vielen Variationen: Tiefsee- und Heilbutt-Jigger.

Wichtig bei allen Tiefseevorfächern: Lassen Sie der Montage vor dem Ablassen genügend Zeit, sich im Wasser vor dem Boot nach der Strömung auszurichten. Damit lösen Sie bereits eine Menge Probleme in Sachen Verhedderungen im Vorfeld.

Circle-Haken oder Kreishaken sind sehr effektiv, wenn's um den Fang von Großfischen geht. Ich kann schon fast selektiv mit ihnen fischen, wenn ich sehr große Modelle einsetze. Am liebsten ködere ich am Circle-Haken entweder einen Fischkopf an, zum Beispiel vom Seelachs, Schellfisch, Wittling oder Pollack, oder auch ein Schwanzstück von den gleichen Fischen.

Wichtig beim Kreishaken: Es muss möglichst viel Hakenmaterial frei sein. Ködern Sie also den Kopf beispielsweise so an, dass der Haken vorn durch Unter- und Oberkiefer gestochen wird. Der Haken muss so frei liegen, damit er sich ins Fischmaul hineindrehen kann, wenn der beißende Fisch mit dem Köder im Maul davon schwimmen will. Das ist der Effekt des Circle-Hakens. Denn der Fisch soll sich selbst haken. Deshalb darf bei der Verwendung von Circles auf keinen Fall angeschlagen werden. Warten Sie, bis der Fisch den Köder genommen hat und beginnt, die Rute auf Spannung zu bringen. Dann kurbeln Sie rasch einige kräftige Umdrehungen ein – jetzt sollte der Fisch sitzen und Sie können den Drill beginnen.

■ Ein Circle-Haken hält einen kapitalen Lumb sicher fest.

Wenn Sie anschlagen würden, ist die Wahrscheinlichkeit sehr hoch, dass Sie dem Fisch den Köder wieder aus dem Maul herausziehen, ohne ihn zu haken. Große Circles sind sehr gute Großfischhaken, da kleinere Fische diesen großen, in sich gebogenen Haken nur selten inhalieren. Sie spüren zwar die Bisse der Kleinen, haken diese aber zum Glück nicht. Somit bleibt Ihr Köder länger im heißen Bereich, da Sie die kleinen Fische gar nicht erst haken und auch erst nach oben bringen müssen, abhaken und so weiter.

Mit Pilker und Fisch

Hitra-Guide Enrico Wyrwa hat eine ganz andere Methode entwickelt, um an den Kleinen vorbei gezielt auf die Dicken zu angeln. Und zwar setzt er bis zu einem Kilo schwere Stabpilker ein, auf die er einen Seelachs oder einen Kopf vom Seelachs schiebt. Er verwendet sehr große Drillinge, in deren Spitzen er den Köder verankert, so dass sie nicht frei stehen. Auf diese Weise verhindert er, dass sich kleinere Fische, die den Köder nicht schlucken können, an dem Drilling haken.

Zusätzlich fischt auch Enrico zwei bis vier Meter über Grund mit seinem garnierten Pilker. Er spürt die Attacken der Kleineren zwar, die den Köder nicht ins Maul bekommen, hält diesen aber im heißen Bereich, da er die kleinen Burschen nicht hakt.

Er beschreibt die Bisse der Kapitalen als äußerst brutal – nix mit Zuppeln und Zupfen. Die Rute knallt beim Biss auf die Bordwand und der Fisch hängt! Er presst den Köder bei seiner Attacke zusammen und schlägt sich dabei die versteckten Hakenflunken ins Maul. Die Köhler, die Enrico verwendet, sind bis zu 40 Zentimeter lang.

Er ist auch der Meinung, dass die Attacken der vielen kleineren Fische oft den Großen erst den Weg zu seinem Spezialköder weisen – sie also erst durchs Gewimmel um den Köder aufmerksam und angelockt werden. Vielleicht fallen ihre Attacken auch aus Futterneid so brutal aus. Ich persönlich habe durchaus auch schon sehr zuppelige Bisse von Kapitalen direkt am Grund gehabt.

Köder für Kapitale

Wer im Tiefen gezielt auf große Lengs und Lumbs angeln möchte, kommt um Köder der Größe XXL nicht herum. Viel hilft viel – diese alte Regel gilt hierbei auf jeden Fall. Allein schon, um die ganzen kleinen Nervensägen wie Minilumbs oder Fleckhaie von unseren Hakenspitzen fern zu halten, sind große Köder ein Muss. Klar, dass auch die verwendeten Haken dazu passen müssen.

Schauen Sie sich einmal die Mäuler von halbstarken Lengs und Lumbs an: Es gehört nicht viel Vorstellungskraft dazu, dass diese Ladeluken auch mit richtig großen Ködern locker fertig werden. Von daher: Zu große Köder können Sie kaum einsetzen. Und auch die Haken dürfen kapital ausfallen. Wenn Sie mit Fischfilets angeln möchten (was ich nicht unbedingt empfehle wegen der kleinen Raubfische), sollten auf alle Fälle Doppelhakenvorfächer zum Einsatz kommen.

Das Beste sind die Reste

Mein absoluter Köderfavorit sind die Bauchkiele von großen Seelachsen und Pollacks. Auf die Idee, damit zu fischen, bin ich durch eine Big Game-Reise gekommen. Hier werden besonders gern die Bauchkiele von Bonitos zum Schleppen genommen. Sie werden mit Spezial-Ködernadeln sogar noch vernäht, um bei den hohen Schleppgeschwindigkeiten nicht abzufallen. Das ist in Norwegen nicht nötig, aber super-fängig ist dieser Köder auch in dort beim Angeln am Grund. Die Bauchkiele sind so ziemlich das Festeste und Zäheste am Fisch – perfekt als Hakenköder. Und in der Regel werfen wir die unteren Bauchlappenseiten beim Filetieren sowieso weg – was liegt also näher, als diese Körperpartien als Top-Köder zu nutzen?

Sie funktionieren sehr gut mit Zweihakensystemen – am besten wird dabei der obere Haken verschiebbar angeknotet, um zu den richtigen Abständen bei den unterschiedlichen Bauchkielen zu kommen. Dieser Köder ist enorm widerstandsfähig gegenüber Attacken von Minilumbs und sogar Fleckhaien.

Einmal wollte ich ausprobieren, wie viele Fische ich mit einem Bauchkiel fangen könnte, bis er völlig zerfleddert sein würde. Acht mittlere Lumbs fing ich an einem Vormittag – mit einem einzigen Bauchkiel eines 8pfündigen Pollacks! Und am Schluss, als wir die Grundangelei einstellten, hätte ich vermutlich noch weitere Fische auf den Köder fangen können – so gut hatte er alle Bisse und Drills überstanden. Unglaublich!

■ So wird der Bauchlappenkiel des Fisches herausgeschnitten.

Solche Erlebnisse werden Sie mit Hering und Makrele eher nicht haben.Im Gegenteil: Diese weichen Köder fallen ja schon ab, wenn ein Fisch sie nur anschaut. Nein, im Ernst: Vor allem Hering ist ein absoluter Top-Köder und die Makrele, wenn sie dort gefischt wird, wo sie auch im Sommer vorkommt, ebenfalls.

Das Problem bei beiden ist aber ihre Weichheit. Das macht sie nicht gerade zu ausgewiesenen Kapitalen-Ködern.

Sollten an Ihrem Angelplatz aber nur wenige Plagegeister vorkommen, kann der Einsatz von Hering und Makrele durchaus Sinn machen – schließlich setzen die fetthaltigen

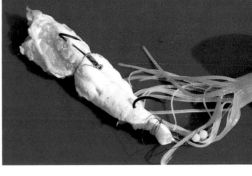

■ Bauchlappen als Köder: optimal mit Doppelhakenmontage.

Fische sehr viele Geruchsstoffe frei, welche die großen Räuber anlocken. Einige Spezialisten wie Uwe Bertram fischen auch mit ihren Guiding-Kunden fast ausschließlich Heringe als Köder – und das mit sehr kapitalen Erfolgen. Mein Tipp: Wollen Sie ausschließlich Kapitale, greifen Sie lieber zu haltbaren, großen Ködern. Möchten Sie auch hin und wieder einen Fisch für die Küche dabei haben und sind nicht zu viele Köderräuber (Haie!) unterwegs, dürfen Heringe als Köder gute Wahl gelten. Frisch gefangene Heringe und Makrelen sind noch relativ fest – gefrorene dagegen oft sehr weich, besonders gilt das für Makrelen. Wenn Sie selbst Köderfische einfrieren, machen Sie es wie die Hechtangler: Frieren Sie die Fische einzeln ein – am besten in Alufolie gewickelt. So bekommen Sie haltbarere Köderfische.

■ Fangen selektiv Großfisch: ganze Seelachse um 40 Zentimeter Länge.

129

Das große Leuchten

Als ich anfing, nachleuchtende Bauteile in meine Grundangelvorfächer einzubauen, erntete ich mitleidige Blicke vieler Mitangler. Das würde doch gar nichts bringen, waren noch die freundlichen Sätze. Doch ich war auf etwas gestoßen, das britische Meeresbiologen herausgefunden hatten.

Als sie Untersuchungen mit blauem Licht in 500 Metern Wassertiefe unternahmen, stellten sie mit einem Mal fest, dass da unten gar nicht eine solche Finsternis herrschte, wie immer angenommen. Es leuchtete aller Orten: Bioluminizens war das Schlagwort. Tiere, vor allem kleinere, waren in der Lage, Licht zu produzieren, als kurze, blitzartige Signale oder als fortwährendes Leuchten oder Glimmen. Es gibt sogar Tiefseekalmare, die dazu in der Lage sind. Der Umkehrschluss lag für mich als Angler auf der Hand: Wenn da was leuchtet, dann kann es in der weiten Tiefe nur bedeuten, dass etwas Fressbares umher schwimmt. Also müssten sich größere Fische von Licht anlocken lassen.

Auf Grundlage dieser wissenschaftlichen Erkenntnisse probierten wir es aus – und zwar in zwei verschieden angelnden Gruppen auf demselben Kahn. Und siehe da: Unsere mit Knicklichtern und Leuchtschläuchen ausgestatteten Vorfächer fingen bei jedem Test wesentlich mehr Fische und – was noch interessanter war – auch die größeren. Die Fangergebnisse waren jedes Mal so eindeutig, dass kein Zweifel bestehen konnte: Leuchtende Vorfächer beziehungsweise leuchtende Bauteile an ihnen haben eine sehr starke Lockwirkung auf Grundfische, besonders auch auf Kapitale.

Ich veröffentlichte darüber eine Reportage in KUTTER & KÜSTE. Prompt erzielten Leser, die es testweise ebenfalls mit leuchtenden Mitteln versuchten, ähnliche Ergebnisse. Darunter waren sehr kritische Angler, die mir schrieben, eigentlich hatten sie den Test mit Kollegen wiederholt, um zu zeigen, dass leuchtende Vorfächer keinen Einfluss auf den Fangerfolg hätten. Umso erstaunter waren sie, als sie feststellten, dass das Leuchten tatsächlich einen sehr positiven Einfluss auf ihre Fänge hatte. Die Grundregel »Licht gleich Nahrung« galt also auch für unsere Tiefseefische Leng und Lumb – ja, zum Teil auch für den Heilbutt.

Heute, angesichts der vielen Fertigsysteme mit nachleuchtenden Teilen, die zahlreich in den Läden hängen, mag es den einen oder anderen verwundern, dass noch vor wenigen Jahren die meisten Norwegenangler überhaupt keine Leuchtmittel verwendet hatten. Meine ersten nachleuchtenden Grundbleie, heute gibt es in vielen Formen welche im Handel, musste ich mir noch als Spezialanfertigungen beim leider verstorbenen Tüftler Günter Wundrach bestellen.

Wussten Sie schon,...

dass es Unterschiede beim Leuchten gibt? Als selbst leuchtend werden streng genommen nur solche Teile bezeichnet, die aktiv aus sich selbst heraus leuchten wie Knicklichter oder meine verbesserte Variante, die Rainer Korn Flashbaits.

Schläuche, die leuchten, sind dagegen nachleuchtender Natur (phosphoreszierend). Sie werden durch Lichteinstrahlung aktiviert und leuchten auch dann noch weiter, wenn ihre Lichtquelle entfernt wird (zum Beispiel beim Tiefseeangeln). Ihr Leuchten wird dabei immer schwächer, je länger sie ohne Lichtquelle sind. Das Gegenteil sind fluoreszierende Stoffe: Diese leuchten nur dann, wenn Licht auf sie fällt. Sie reflektieren das Licht in besonders heller Form – etwa durch Prisma-Technik, wie sie zum Beispiel bei Verkehrsschildern oder Reflektorenstreifen auf Schulranzen zum Einsatz kommt. Echte fluoreszierende Bauteile sind fürs Tiefseeangeln ungeeignet! Schließlich schwimmt da unten kein Leng mit einer starken Taschenlampe umher.

■ Flashbaits beginnen bei Kontakt mit Wasser Lichtblitze auszusenden.

Knicklichter leuchten, da beim Knicken zwei Chemikalien vermischt werden, die zusammen ein Leuchten produzieren. Allerdings wird der chemische Prozess durch niedrige Temperaturen abgeschwächt bis hin zum Stillstand – sprich, sie leuchten dann nicht mehr. Da wir in großen Tiefen im Salzwasser nur noch um die drei Grad Celsius messen, fällt die Leuchtwirkung der Knicklichter dort entsprechend schwach aus.

■ Nachleuchtende Stabbleie.

Wussten Sie schon,...

... dass der Blauleng in der Regel noch tiefer gefischt wird als sein häufiger vorkommender enger Verwandter, der »normale« Leng? Gezieltes Angeln auf Blauleng ist in einigen Fjorden in Fjordnorwegen (zum Beispiel Bjørnafjord, Langenuen, Sognefjord, Hardangerfjord) durchaus möglich. Empfohlene Angeltiefe: 250 bis 450 Meter. Der Grund sollte weicher sein.

■ Guide Michael Naunheim mit einem 16-pfündigen Blauleng aus dem Bjørnafjord.

■ 281 Meter Tiefe:
Hier beginnt das Reich des Blaulengs.

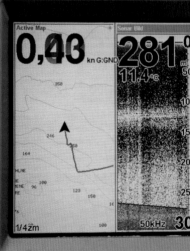

Das richtige Gerät

Das Standardgerät zum Naturköderangeln in großen Tiefen auf kapitale Leng bilden eine 30-Pfund-Bootsrute, eine stabile Multi, am besten mit zwei Gängen, die mindestens 500 Meter einer geflochtenen Schnur mit 25 Kilo Tragkraft aufnehmen kann, oder auch eine dementsprechende Elektro-Multi von Ryobi, Shimano oder Daiwa. Ferner sollte ein Bauchgurt zum Reinstecken des Rutenunterteils am Mann oder an der Frau sein (Gimbal) sowie ein kräftiges Gaff an Bord. Dazu ein paar fertig gebundene Vorfächer und ausreichend Bleie bis zu 1.000 Gramm. Wer eine Multi ohne Schnurführung fischt, sollte sich zum Verlegen der Schnur beim Einkurbeln einen Daumenschutz zulegen – sonst sieht dieses kleine, aber wichtige Körperteil nach einigen Angeltagen gar nicht mehr gut aus. Ein guter Daumenschutz sind die Fingerschutzkappen, die es für einen Euro in der Brandungsangel-Abteilung gibt und die zum Schutz des Zeigefingers beim Auswerfen gedacht sind.

■ Fürs Tiefseefischen entwickelt: die Rainer Korn Deep Sea N mit schmaler Spule und zwei Gängen – umschaltbar von Rechts- auf Linkshandbetrieb.

Die verwendete Rute sollte zwischen 1,80 und 2,40 Meter Länge haben und nicht bretthart in der Aktion sein, weil dann im Zusammenwirken mit der dehnungslosen Geflochtenen die Gefahr des Aussteigens gerade von Großfischen zu groß wird. Allerdings sollten Sie auch ein 1.000-Gramm-Blei dran hängen können, ohne dass sich die Spitze gleich zu tief verneigt. Denken Sie auch ans Gewicht der Rute: Schließlich wollen Sie viele Stunden am Stück mit ihr fischen. Billigmultis oder Stationärrollen taugen zum ernsthaften Tiefseeangeln auf Kapitale nicht. Legen Sie Wert auf Qualität. Eine Tiefseerolle kaufen Sie nicht jedes Jahr neu – sie soll längere Zeit Ihr treuer Begleiter sein.

Drill & Landung

Weder Leng noch Lumb sind wirkliche High-Speed-Kämpfer, welche die Bremse der Rolle zum Glühen bringen. Große Leng über 30 Pfund stemmen sich in der Regel nach dem Anhieb mit aller Kraft gegen den Zug der Leine und scheinen dabei auf der Stelle festgenagelt zu stehen – meist gehen sie sogar ein paar Meter in die Bremse. In der Regel aber nur so weit, bis sie wieder den vermeintlich rettenden Grund erreicht haben. Unser Problem ist also meist nicht der flüchtende Fisch, sondern die Drift, die uns vom widerwilligen Fisch wegzieht! Deswegen kann einem der Drill mit einem 25-Pfünder auch wesentlich anstrengender vorkommen, als ein Kampf mit einem 40-Pfünder – je nach Stärke der Drift.

Alles richtig gemacht: Ein starker Leng, ausgedrillt vorm Boot. Foto: Peter Leenders

Wenn Sie merken, dass da etwas Massives eingestiegen ist, pumpen Sie ruhig, aber stetig, den Fisch nach oben. Sie haben Urlaub – Sie haben Zeit! Bei zu ruckartigen Bewegungen im Drill oder einem Durchhängen der Schnur wegen zu hektischer Pumpbewegungen kann es dagegen leicht passieren, dass ein knapp gehakter Riese Ihnen auf dem langen Weg nach oben noch entwischt. Also ist Ruhe bewahren erste Anglerpflicht!

Holen Sie einen Fisch aus großen Tiefen nach oben und er steigt bei etwa 50 Meter oder noch flacher aus, bestehen gute Chancen, den Fisch doch noch ins Boot zu laden. Aufgrund des Druckunterschieds hat sich vormals verdichtetes Gas in der Schwimmblase des Fisches ausgedehnt und lässt ihn wie einen Korken an die Oberfläche ploppen. Sie brauchen Ihren Fisch dann nur noch einzusammeln.

Tipps & Kniffe

Der Schwerpunkt dieses Praxisbeitrags liegt auf dem Lengangeln, jedoch gelten die meisten Dinge auch fürs gezielte Fischen auf kapitale Lumbs. Beide Fische bewohnen ähnliche Bodenstrukturen und große Lumb agieren wie große Leng. Allerdings zieht es den Lumb zum Teil auch auf eher schlammigen Grund, was dem Leng weniger schmeckt. So genannte Lumblöcher sind eng begrenzte, meist kleine Täler im Grund, oft mit eher weichem Untergrund, die wie gestopft mit guten Fischen sind. Wer ein solches Lumbnest findet, kann dort über Jahre hinweg eine fantastische Fischerei erwarten. Manchmal liegen die Löcher gar nicht so tief und bringen trotzdem erstaunlich kapitale Fische. Ich habe bereits Lumblöcher auf knapp 100 Metern entdeckt.

Andere, sehr gute Lumbstellen sind die Abhänge von felsigen Unterwasserrücken und -nasen. Hier gelingen zum Teil sensationelle Fänge, wenn die Strömung passt. Denn das gilt für Lumb und Leng gleichermaßen: Wenn die Strömung an einem Platz den Fischen nicht gefällt, können Sie auf Ihrem Boot Kopfstand machen – Fische fangen Sie auch dann nicht. Erst wenn die Strömungsverhältnisse wieder perfekt sind, fangen die Fische an zu beißen.

Kurz & kompakt: Leng & Lumb

Top-Reviere: Fjord- bis Mittelnorwegen, kapitale Lumb zum Teil auch in Nordnorwegen.

Optimale Fangtiefe: 150 bis 400 Meter.

Top-Monate: Februar bis April, September bis November. Für Leng ist Ende April und Mai Laichzeit. Nicht alle Lengs laichen gleichzeitig, das kann sich von Revier zu Revier um Wochen verschieben. Fische, die laichen wollen, beißen in der Regel schlecht. Bis zum Spätsommer bringen die abgelaichten Lengs relativ wenig Gewicht auf die Waage. Propper werden sie dann wieder im Herbst und Winter.

Top-Köder für Kapitale: große Köderfische, große Fischköpfe, am besten Köder mit festem Fleisch verwenden wegen der Köderräuber.

Top-Gerät: 30-lb-Rute, 1,80 bis 2,40 Meter, hochwertige Multi ohne Schnurführung, Schnurfassung 500 Meter einer 25 Kilo tragenden Geflochtenen; Elektro-Multi.

Landehilfen: Gaff.

Top-Eigenschaften des Anglers: gute Kondition und Ausdauer (für manuelle Kurbler); Lächeln beim Knöpfchendrücken (für elektrische Kurbler)

Vorfach. ,20 mm
monofil, 100 cm lang

kräftiger Karabinerwirbel

monofil ,00 mm
30 cm lang

Einzelhaken Gr. 6/0

Leuchtoktopus

■ Fängige Montage für Lumb.
Grafik: KUTTER&KÜSTE/Bork

Stabpilker
400-1000 g
ohne Drilling

großer
Gummistopper

Filet mit
Kuperdraht
fixiert

Leng: So lebt und liebt er

Lengs (lat. **Molva molva**) sind Grundfische und kommen über Hartböden von 20 bis zu 1000 Metern Wassertiefe vor. Die Maximallänge beträgt 200 Zentimeter, das Höchstgewicht 45 Kilo. Sie können bis zu

▪ So bitte nicht den Haken beim Großleng lösen. Der hat nämlich große und
spitze Beißer.

25 Jahre alt werden. Der Körper ist lang gestreckt und der Bartfaden am Unterkiefer deutlich länger als beim Blauleng, der zur selben Gattung gehört. Am Ende der ersten, relativ kurzen Rückenflosse befindet sich ein dunkler Fleck. Die zweite Rükken- und die Afterflosse sind relativ lang und die Schwanzwurzel deutlich dicker als beim Blauleng.

Das Verbreitungsgebiet reicht von der Südspitze Grönlands über Island, Norwegen, um Westeuropa herum bis nach Italien. Die Laichzeit reicht vom Frühjahr bis zum Sommer, ein Weibchen kann bis zu 60 Millionen Eier mit einem Durchmesser von je einem Millimeter abgeben. Die Laichtiefe liegt bei etwa 200 Meter, wo auch Ei- und Larvalentwicklung stattfinden. Die Jungfische leben noch einige Jahre pelagisch (im freien Wasser), bevor sie zum Bodenleben übergehen. Während große Leng meist einfarbig grau sind, können junge auffällig bunt gezeichnet sein, beispielsweise mit großen braunen Flecken und leuchtend blauen Flossensäumen.

Was seine Nahrung betrifft, so ist der Leng nicht wählerisch. Er schluckt fast alles, was nicht rechtzeitig vor seinem großen Maul flüchten kann. Hierzu gehören beispielsweise verschiedene Plattfischarten, diverse Dorschfische, alle möglichen kleinen Bodenfische, aber auch Krebstiere wie Kaisergranat und Tiefseegarnelen. Kraken und Tintenfische runden seinen Speisezettel ab.

Von der Berufsfischerei werden Lengs in erster Linie mit Langleinen und Grundschleppnetzen erbeutet. Angelandet werden sie meist als gefrorenes Filet oder als Frischfisch auf Eis. Werden Lengs aus großen Tiefen geholt, so haben sie meist einen hervorgetretenen Magensack und dicke Augen, bedingt durch den Druckabfall (dieses Phänomen wird beim Lumb etwas genauer beschrieben).

Der Blauleng (lat. **Molva dipterygia**) ist, wie der Leng, ein Bodenfisch, der allerdings erst ab Wassertiefen von 150 Metern vorkommt. Er lebt meist auf Weichböden und kann ebenfalls in bis zu 1.000 Metern existieren. Bei einer Maximallänge von 155 Zentimetern und 30 Kilo Höchstgewicht kann er 20 Jahre alt werden. Der Körper ist noch etwas schlanker als der des Lengs, der Bartfaden kürzer, und die Schwanzwurzel deutlich schmaler.

Das Verbreitungsgebiet ist ähnlich dem des Leng. Im Mittelmeer reicht es allerdings etwas weiter nach Osten, bis hin zur Türkischen Küste. Blaulengs laichen im April und Mai in Tiefen zwischen 500 und 1.000 Metern. Anders als beim Leng ist ihre Lebensweise weitgehend unerforscht, da sie auf Grund ihres tieferen Habitats nicht in Aquarien gehalten werden können. Es wird aber angenommen, dass beide Lengarten ein ähnliches Verhalten haben. Auch das Nahrungsspektrum entspricht etwa dem des Leng.

Michael Janke

■ Unterschiede vom Blauleng zu Leng: Die großen Augen sitzen weiter oben im Kopf, der Blauleng ist schlanker, der Kopf verhältnismäßig groß, ebenso die Zähne. Der Tiefseefisch ist braun-violett glänzend gefärbt. Sein Fleisch ist noch fester und schmackhafter als beim Leng.

Lumb: So lebt und liebt er

Lumbs (lat. *Brosme brosme*) sind Bodenfische und kommen in Wassertiefen bis zu 1.000 Meter vor, meist über steinigem Grund. Sie können eine Körperlänge von 120 Zentimeter bei einem Maximalgewicht von 30 Kilo erreichen. Das Höchstalter beträgt 20 Jahre. Lumbs haben nur je eine Rücken- und Afterflosse sowie einen Bartfaden unterm Kinn. Die mit kleinen Schuppen besetzte Haut ist sehr schleimig. Das Verbreitungsgebiet reicht von Teilen Grönlands über Island und Norwegen bis zur Barentssee, nach Westen bis zur Nordseite der Britischen Inseln. Die Laichzeit liegt im späten Frühjahr. Ein Weibchen kann bis zu drei Millionen Eier mit einem Durchmesser von je 1,4 Millimetern abgeben. Ei- und Larvalentwicklung finden im Freiwasser statt. Danach leben die Jungfische noch anderthalb Jahre pelagisch (im Freiwasser) und gehen erst mit einer Länge von fünf bis zehn Zentimetern zum Bodenleben über.

Lumbs ernähren sich von Krebsen und Fischen unterschiedlicher Arten, manchmal auch von Tintenfischen. Der Geschmack ihres Filets erinnert oft an Krebsfleisch.

Selbst wenn sie in relativ geringen Wassertiefen gefangen werden, ist die Schwimmblase durch den Druckunterschied meist derart gedehnt, dass sie nicht mehr abtauchen können, falls man sie zurücksetzt. Ab etwa 30 bis 40 Meter Fangtiefe nimmt dieser Effekt in dem Maße zu, dass durch den erhöhten Gasdruck der Magen umgestülpt und durch das Maul herausgedrückt wird. Berufsfischer bezeichnen das dann oft als »Zigarre«.

■ Solche kapitalen Lumbs werden meist in Tiefen über 150 Meter erbeutet.

Viele Angler sind der Ansicht, dass es sich hierbei um die Schwimmblase handelt. Das trifft nicht zu. Diese befindet sich nach wie vor in der Bauchhöhle, hat allerdings durch den Überdruck die inneren Organe in dem Maße geschädigt, dass ein zurückgesetzter Lumb in keinem Falle überlebt. Auch ein Anstechen des ausgetretenen Magensacks, wie von einigen propagiert, ändert nichts an seinem Schicksal. Ein auf diese Weise behandelter Fisch kann zwar abtauchen, verendet aber nach kurzer Zeit.

Werden Lumbs aus noch größeren Tiefen hoch gepumpt, sieht deren Haut oft warzig aus. Das rührt daher, dass sich durch den Druckabfall unter der Epidermis Blasen bilden, die aus im Körper gelösten Gasen entstehen. Durch die dicke, glitschige Haut ist ein Lumb weitaus schwieriger zu filetieren als beispielsweise ein Dorsch.

Michael Janke

■ Lieblingsspeise der Lumbs: Tiefseekrebse – sie verleihen dem Fisch sein delikates und festes Fleisch.

Pack den Pollack

Pollacks sind Kämpfernaturen und hausen zwischen Felsen und Tang. Selbst kapitale Exemplare stehen oft sehr flach. Deshalb sind sie ideale Gegner am leichten Gerät.

■ Gehören zu den absoluten Lieblingsfischen des Autors: große, kampfstarke Pollacks.

■ Pollacks im zweistelligen Pfundbereich gelten als kapital – ein Fisch über 20 Pfund als Ausnahmefang.

Wie bereits im Vorwort zu diesem Buch erwähnt: Größe ist relativ! In der Reihenfolge der Gewichtsklassen der drei eng verwandten Dorschfische, Dorsch, Seelachs und Pollack, steht der zuletzt genannte zwar an »leichtester« Stelle, doch er ist trotzdem ein ungemein spannender Fisch für den Norwegenangler. Die Biologie gibt sein Maximalgewicht mit über 30 Pfund an – doch das ist sicherlich in der Praxis in Norwegen nur schwer erreichbar. Obwohl es wiederum auch nicht unmöglich ist. Der norwegische Rekord steht bei immerhin 25,6 Pfund, also 12,8 Kilo, und wurde erst 2001 von dem Norweger Espen Hamborg aus Oslo aufgestellt.

Im Juni 2007 wurde aber zum Beispiel ein 14,8 Kilo schwerer Pollack in Kvenvaer Sjøhus Ferie auf Hitra angelandet. Der Guide vor Ort, Enrico Wyrwa, konnte jedoch nur noch den seiner Filets bereits beraubten Mega-Pollack in Augenschein nehmen – die Angler hatten ihn für einen Seelachs gehalten und durchaus gewogen. Aber da sie einige schwerere Köhler gefangen hatten, hatten sie diesen Fisch nicht für ein Foto Wert befunden! Enrico hatte sich mächtig geärgert – dieser Pollack hätte neuen norwegischen Rekord bedeutet! Und laut Enrico lagen noch die Gerippe zweier weiterer Großpollacks in der Kiste, die er ebenfalls auf knapp 14 Kilo das Stück schätzte.

Für mich stellt der Pollack neben Heilbutt und Seelachs die spannendste Fischart in Norwegen dar. Wenn der Räuber mit der riesigen Ladeluke ab Mai ins flachere Küstenwasser zieht, lassen sich selbst kapitale Exemplare in weniger als zehn Metern Tiefe fangen. Und zwar mit der leichten Spinnrute und Gummifischen, Blinkern, Wobblern, leichten Pilkern und Twistern. Das Gerät, das ich und andere Pollack-Fans einsetzen, um mehrere 10-Pfund-plus-Fische am Tag zu drillen, würde so mancher Hechtangler als zu leicht ablehnen. Dabei verhält sich ein zehnpfündiger Pollack an der Angel wie ein Teufel, während es ein gleich großer Hecht gerade mal auf Teufelchen-Niveau bringt. Dieser Moment, wenn der große Pollack den Gummifisch eingeschlürft hat, die Rute sich krümmt und dann – nach einer Sekunde des Stillstands – plötzlich der Fisch davon jagt und die (hoffentlich) weich eingestellte Bremse zum Glühen bringt – dann zaubert sich dieses verzückte Pollack-Lächeln in das Gesicht noch des rauesten Anglergesellen ...

Mittlerweile sind wir ja selbst beim Köhlerfischen gerätetechnisch fast beim Pollackniveau angekommen, wobei die Röllchen und Rütchen für Pollack doch noch einen Tick leichter sind. Aber wie gesagt: Das Pol-

■ Faszinierend:
leichtes Spinnfischen auf Pollack.

lackangeln im Flachen mit diesem »Light Tackle« (leichtem Gerät) birgt eine unglaubliche Faszination. Ich habe noch keinen wirklichen Angler getroffen, der nach den ersten Drills mit guten Pollacks nicht davon infiziert wurde. Außerdem: Man angelt dabei, wenn man die richtigen Plätze getroffen hat, nicht den lieben langen Tag auf DEN einen Fisch, sondern kann mit etwas Glück und Können ein Dutzend zehnpfündiger Pollacks drillen. Auch das macht das leichte Angeln auf große Pollacks so spannend. Doch wie bei allem gibt's auch hier ein paar Regeln und Erfahrungen, die den Angler an die großen Exemplare bringen.

Plätze & Zeiten

Ab Mitte, Ende April können Sie in den offenen Küstengebieten mit den ersten Schwärmen Pollacks rechnen, die ihre Sommerplätze einnehmen. Je tiefer sich ein Meeresgebiet ins Landesinnere erstreckt, desto später gelangen die Fische in der Regel auch dorthin. Meist stehen viele Pollacks im April und Mai noch im Laich. Berufsfischer fangen sie dann mit Netzen an tiefen Kanten der 100- bis 200-Meter-Linie. Trotzdem befinden sich zu diesem Zeitpunkt auch viele Fische bereits in flacheren Gefilden – einheitliche Zugzeiten gibt's also nicht. Je näher wir der Sommersonnenwende (21. Juni) kommen, desto mehr Pollacks entern die guten Beuteplätze in Küstennähe.

Der Sommer bildet die klassische Saison für den goldfarbenen Jäger mit der im Gegensatz zum Seelachs so markant gebogenen Mittellinie. Bis weit in den Herbst hinein lassen sich die auch in der Küche sehr begehrten Gesellen fangen. In einigen Revieren sind die Herbstfische sogar die größten – so verrät Michael Naunheim, seit langen Jahren schon Guide auf Tysnes am Bjørnafjord, dass die September- und Oktober-Pollacks in seinem Revier mit Abstand die schwersten des Jahres seien. Er überlistet sie ebenfalls im ultra flachen Wasser – teilweise in nur vier Metern Tiefe.

Als ich mit der Norwegenangelei Anfang der 90er Jahre anfing, gab es noch keine Bücher, Filme oder Zeitschriften, die sich mit dieser speziellen Angelei wirklich intensiv beschäftigten. Der 200-Gramm-Pilker und drei Oktopusse darüber bildeten den Standard der Norwegenangler. Je tiefer man mit diesem klobigen Gerät angelte, desto größer die Fische, war die einhellige Meinung. Meine Güte! An wie vielen kapitalen Dorschen, Heilbutten und eben auch Pollacks bin ich in diesen Zeiten einfach vorbei gefahren, weil ich gar nicht auf den Gedanken gekommen wäre, flacher als 10 Meter zu angeln? Ich möchte es lieber nicht wissen.

Heute, da ich bestimmt schon insgesamt gerechnet einige Jahre meines Lebens in Norwegen angelnder Weise zugebracht habe, kann ich über dieses Verhalten auch nur noch lächeln. Und doch: Wenn ich heute auf meinen Touren so einige Kollegen, ihr Gerät und ihre Angelplätze betrachte, dann hat sich bei denen nicht wirklich viel verändert. Dabei könnten sie von meinem Wissen und dem vieler anderer, die mittlerweile reichliche Erfahrungen gesammelt haben und diese auf Messen, in Zeitschriften, Filmen und Büchern weitergeben, profitieren. Aber wie heißt es so schön: Jeder ist seines Glückes Schmied. Und mein Lieblingsspruch passt auch noch dazu: Wissen ist wissen, wo es steht.

Technik & Taktik

Klar lassen sich Pollacks auch mit der Pilkrute und 10 Gummimakks überm 1-Kilo-Pilker ans Band bekommen, doch eines echten Anglers würdig ist diese Methode ganz sicher nicht. Ich habe mit meinen passionierten Pollackfreunden festgestellt, dass das Fischen mit leichtem Gerät und Gummifischen (Shads) im flachen Wasser eindeutig die größten Pollacks bringt – über einen längeren Zeitraum gesehen. Dass diese Methode außerdem den meisten Spaß macht, steht dabei außer Frage. Gerät und Technik, um sich mit den großen Flachwasserpollacks anzulegen, sind schnell erklärt. Fürs Bootsangeln: Eine Spinnrute, maximal 2,70 Meter lang, mit weicher, durchgehender Aktion, Wurfgewicht zwischen 20 und 50 Gramm, bildet im wahrsten Sinne des Wortes den Grundstock der Ausrüstung. Die Wahl der Rolle ist Geschmackssache. Eine Stationärrolle der 40er Größe (fasst 100 Meter einer 0,40 Millimeter starken Schnur) ist optimal. Ich bevorzuge eine kleine Multirolle, die zum Werfen ausgelegt ist – mein Favorit ist auch die Lieblingsmulti vieler Pollackfans: die Shimano Calcutta 250 (ich fische die 251 Linkshand, weil ich bei dieser Angelart die Rute mit der rechten Hand werfe, also die Rolle mit der linken kurbele).

■ Lieblingsmulti vieler Spinnangler: Shimano Calcutta 251

Ich meine, dass die Bremse einer kleinen Wurfmulti besser und zuverlässiger arbeitet als die einer Stationärrolle. Außerdem ist beim langsamen Einkurbeln des Köders der Kontakt mit einer Multi direkter. Bei einer Stationärrolle muss halt immer die 90-Grad-Umlenkung übers Schnurlaufröllchen beziehungsweise den Bügel »mitgenommen« werden.

Trotzdem: Wer einfach mit einer kleinen Wurfmulti, einer so genannten Baitcaster, nicht umgehen kann und laufend nur Perücken wirft, der sollte mit einer, dann allerdings erstklassigen, kleinen Stationärrolle vorlieb nehmen. Und bitte wählen Sie eine mit Frontbremse. Denn eine Heckbremse ist niemals so wirkungsvoll und sensibel einstellbar wie eine Bremse an der Spule. Schauen Sie den Profis auf die Finger: Keiner, der etwas von seinem Handwerk versteht, würde fürs feine Fischen auf solche kampfstarken Fische eine Heckbremsenrolle einsetzen! Warum, glauben Sie, sind alle Hochleistungsstationärrollen wie die Saltiga von Daiwa, die Spinfisher von Penn oder die Stella von Shimano mit Frontbremsen ausgestattet? Eben!

Was fehlt? Richtig: die Schnur! Ich möchte die Glaubensdiskussion abkürzen: Vertrauen Sie Geflochtener. Ich habe die vergangenen Jahre ausprobiert und ausprobiert. Und nun – nach einigen Jahren Erfahrung sammeln steht meine Meinung fest: Nichts geht über Geflochtene beim Spinnfischen auf Pollack. Jeden Biss, ja, jedes Anhauchen des Köders bekomme ich mit. Ich kann mühelos die Attacken von Dorsch, Seelachs und Pollack auseinander halten – mit der dehnungsstarken Monofilen ein Ding der Unmöglichkeit.

Auf meine kleinen Rollen kann ich dank Geflochtener so viel Schnur spulen, dass ich beruhigt auf stattliche Reserven zurück greifen kann, wenn es denn mal der äußerst kapitale Fall erfordert. Ganz wichtig dabei: Die Rute muss wirklich ultra weich ausfallen. Das hat auch mit dem Beißverhalten der großen Pollacks beim Angeln mit Gummifischen und Twistern zu tun. Diese Köder werden sehr langsam eingeholt. Der Pollack attackiert diese Köder nicht wie wild, sondern schwimmt im Einholtempo hinterm Köder her. Dann geht seine riesige Ladeluke auf und unser Gummifisch verschwindet im Maul. Er saugt ihn förmlich ein.

Das spürt man mit der weichen Rute. Langsam krümmt sich ihre Spitze beim Biss – jetzt bloß nicht sofort anschlagen, sondern den Fisch so richtig in die Rute reinziehen lassen. Wenn die – wohl gemerkt – weiche

Rutenspitze dann schon fast einen 90-Grad-Winkel zum Handstück beschreibt, ist der Zeitpunkt für einen herzhaften Anhieb gekommen.

Dass die Rollenbremse dabei sensibel und einigermaßen weich eingestellt ist, sollte jetzt der Fall sein. Denn nach einer Schrecksekunde wird der große Pollack mit einer ersten gewaltigen Flucht versuchen, sich zu befreien. Zu diesem Zeitpunkt gehen vielen unerfahrenen Norwegenanglern schöne Fische aufgrund einer zu harten Bremseinstellung verloren.

Köder & Präsentation

In den vergangenen Jahren erwiesen sich Gummifische als unschlagbare Köder für kapitale Pollacks. Mit japanroten Jigs in 5 und 7,5 Zentimetern Länge ging's vor vielen Jahren bei den meisten (angehenden) Pollackanglern los. Auch ich habe meine ersten Pollacks an der Spinnrute mit diesen Ködern gefangen. Doch mit der Zeit probierte ich immer neue Köder aus und heute sind Gummifische die absoluten Renner, was das gezielte Fischen auf größere Exemplare angeht.

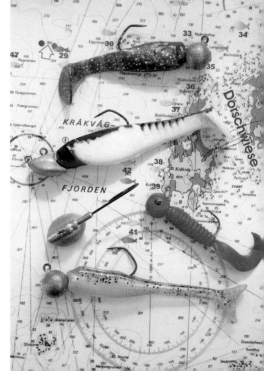

Wir haben ungeheuer viele verschiedene Gummifische getestet und einige wirklich enorm fängige gefunden. Wobei es bestimmt noch angesichts des riesigen Angebotes in dieser Richtung viele weitere, sehr fängige Gummifische gibt, die mir noch nicht untergekommen sind. Als einer der absoluten Favoriten ist der Kopyto von Relax zu nennen. Sowohl Kopyto Classic als auch der Shark sind Spitzenköder, die den Pollacks wirklich die Köpfe verdrehen. Die Kopytos fischen wir am liebsten in den Längen um 11 Zentimeter. Als fängige Farben, die eigentlich immer Fisch fangen, sind weiße, transparent-glitter-farbige und grau-blaue Töne zu nennen.

■ Gummifische, Twister: Top Köder.

Aber das sind eher persönliche Erfahrungen: Der eine mag mit einer gelben Farbe gut fangen – der andere mit Grün. Ich glaube, dass die Farbe eher eine untergeordnete Rolle spielt. Entscheidend ist das Spiel des Gummifisches – und hier besonders die Aktion der Schwanzschaufel. Witzigerweise lässt sich nicht feststellen, dass eine besonders große Schaufel unbedingt auch die besseren Erfolge bringt.

Entscheidend ist das Zusammenwirken zwischen Einholtempo und Laufverhalten. Ein Köder, der vielleicht beim schnellen Einholen super-fängig auf Seelachs ist, kann beim langsamen Einkurbeln auf Pollack komplett versagen. Aber auch das Verhalten des gesamten Köders ist wichtig: Am besten fängt ein Köder, wenn er beim Einholen immer leicht von einer Seite zur anderen kippt – also eher auch in der Längsrichtung wackelt.

So haben wir beispielsweise mit Stanley Wedgetails (ein langer, schlanker Gummifisch mit relativ kleinem Schwanz in Schwanzflossenform) super Erfahrungen gemacht – obwohl man angesichts des kleinen Schwanzes vermuten könnte, dass dieser beim langsamen Einholen überhaupt kein Spiel mehr zeigen würde. Doch er vibriert sehr kräftig. Und genau dieses Vibrieren scheint Pollacks sehr zu gefallen.

So gibt es eine Reihe von Gummifischen, die sich in der letzten Zeit als sehr fängig erwiesen haben, von denen man es zuerst eben nicht vermutete. So auch die Gruppe der neueren Shads, die ihre Bleigewichte bereits im Gummi integriert haben. Ich weiß gar nicht, welcher Hersteller damit angefangen hat, heute sind sie bei vielen Anbietern im Programm.

Sie kommen dann zum Einsatz, wenn die Angeltiefe nicht so groß ausfällt und weniger Strömung

■ Shads mit integriertem Bleigewicht (hier Modelle von Zebco).

herrscht, denn diese Köder sinken langsamer ab. Ich habe sehr erfolgreich mit den WildEye Swim Bait Shads von Storm gefischt – das Pink schimmernde Modell in 11 Zentimetern und mit 25 Gramm Gewicht ist ein echter Knaller! Doch auch die größeren Modelle sind äußerst fängig – hier vor allem die grünen und blauen Farbtöne. Diese Köder mit den integrierten Gewichten (nicht nur die von Storm) kippen sehr stark hin und her, was ihre Attraktivität zusätzlich steigert. Doch auch „normale" Gummifische gibt's, wie schon erwähnt, in tausenderlei Ausführungen. Ich habe den Shaker und Big Hammer mit Erfolg gefischt, genauso wie die sehr fängigen Shads von Profi-Blinker. Was sich an manchen Tagen als extrem erfolgreich erwiesen hat: Wenn der Shad einen nachleuchtenden Schwanz hatte.

Fische ich herkömmliche Gummifische, benötige ich Bleiköpfe mit eingegossenen Einzelhaken. Fürs flache Wasser bis etwa 30 Meter Tiefe reichen Köpfe mit Gewichten zwischen 20 und 50 Gramm in der Regel aus.

Wichtig ist die Hakengröße: Bei den meisten Jigköpfen, die bei uns zum Raubfischangeln angeboten werden, fällt sie zu klein aus. Fürs Fischen mit Gummifischen zwischen zehn und 15 Zentimetern sollten die Hakengrößen 5/0 bis 7/0 gewählt werden. Lieber einen Haken größer als kleiner nehmen. Denn das Maul selbst eines sechspfündigen Pol-

■ Rundkopfjigs und Stand Up Jig

lacks gleicht einem Scheunentor! Oft sitzen die Haken auch im zähen Lippenwulst – ein zu kleiner Haken dringt da erst gar nicht ein oder fällt während des Drills wieder raus.

Der Hakenbogen muss schön weit aus dem Shad herausragen, die Hakenspitze möglichst frei sein. Ich habe mit den so genannten Fast Grip Haken von VMC sehr gute Erfahrungen gemacht. Sie haben keinen großen Widerhaken, sondern drei kleine hintereinander. Sie dringen noch leichter ins Fischmaul ein. Sie sind über Think Big in Deutschland im Fachhandel zu beziehen. Auch bei den Köpfen gibt's verschiedene Modelle: Rundkopf, Erie Jig (auch Stand Up Jig), Fischkopf und einige mehr.

Der Rundkopf bildet die traditionelle Kopfform, der für unsere Zwecke in der Regel völlig ausreicht. Trotzdem fische ich auch sehr gern den Stand Up Jig, weil er rascher absinkt und auf dem Grund steht – weniger Hänger und ein attraktives Anbieten des Köders sind die Folge (vor allem wenn man den Köder kurz anlupft und wieder absinken lässt).

Die Fischkopf-Form setze ich ausschließlich bei starker Drift und tieferem Wasser ein, wenn der Köder eher

■ Fischkopfjig

geschleppt als eingeholt wird. Er ist für mich allerdings eine sehr gute Wahl fürs Angeln auf Heilbutt und Seelachs (siehe Heilbutt- und Seelachs-Kapitel). Fürs Fischen auf Pollack kommt er bei mir eher selten zum Einsatz.

Qualität vor Quantität

Ob Gummifische oder Jigköpfe und -haken: Achten Sie beim Kauf auf Qualität. Auf einer meiner Guidings kam ein älterer Angler ganz geknickt an und zeigte mir eine Tüte mit weißen Gummifischen, die er – billig, billig – im Internet gekauft hatte. Ein Schnäppchen! Aber was für eins. Der Verkäufer hatte angegeben, die Köder hätten »leichte« Farbfehler. Wenn's das nur gewesen wäre. Die Dinger waren so weich, damit hätte man Dieter Bohlens Stimme schmieren können. Aber zum Angeln? Da taugten sie ja nun mal gar nicht. Ich habe solche Gummifische noch nie gesehen.

Qualität heißt übrigens nicht nur Markenname (auch da kann man mit reinrasseln), sondern ausprobieren. Lieber fünf verschiedene Gummifisch-Packungen kaufen als fünf gleiche. Denn am Wasser wird sich zeigen, ob die Dinger ihr Geld wert sind. Wichtigstes Kriterium: Der Köder muss bereits bei leisestem Zug spielen (Schwanz und Körper). Ein großer Schaufelschwanz ist keine Garantie für ein solches Spiel. Denn bei manchen Modellen fällt der Schwanz schlichtweg zu schwer aus. Die Folge: Das Ding – pardon – hängt einfach nur schlaff herunter. Selbst bei stärkerem Zug ist von attraktivem Köderspiel nicht viel zu sehen.

Wenn Sie also das erste Mal so richtig ernsthaft den großen Pollacks mit Spinnrute und Gummi nachstellen möchten, legen Sie sich eine große Auswahl an Gummifischen in den Längen von 10 bis 15 Zentimetern zu. Testen Sie, probieren Sie aus. Im nächsten Jahr wissen Sie schon besser, von welchem Modell mehr Exemplare im Koffer liegen sollten.

Mit den Jigköpfen und den daran befestigten Haken verhält es sich ähnlich. Auch hier werden Haken angeboten, die biegen schon beim böse Gucken auf! Ich fische seit vielen Jahren Köpfe von VMC und auch Profi-Blinker: Hier machen Sie nichts verkehrt. Aber auch große Vollsortimenter (wie Cormoran oder Zebco) haben zum Teil gute Qualität an der Hand, die auch Norwegen tauglich ist.

Meine besten Gummis

Mit diesen Gummifischen fische ich am erfolgreichsten auf Pollack:

> Stanley Wedgetail 5 Zoll Zander Spezial, FireTiger (nicht mehr lieferbar) und Salt-Pepper-Chartreuse
> Big Hammer, 12 cm, Firetiger
> Relax Shark, 12 cm, Weiß-Schwarz
> Relax Kopyto Classic 4-L, 11 cm, Kristall-Glitter-Schwarz
> Storm WildEye Shad, 11 cm, Pink (mit holografischer Folie)
> Delalande Sandra, 10 cm, schwarz (in Deutschland nicht mehr lieferbar) und braun
> Berkley Gulp Grub, 7,5 cm, Schwarz und Braun
> Salt Shaker, 4,5 Zoll, Schwarz

Das große Verführen

Nun haben wir die Köder also zusammen. Jetzt geht's an Fischen! Wie wird der Gummifisch geführt? Dazu müssen wir das Verhalten der Pollacks kennen, ihre Aufenthaltsorte und ihre Jagdgebiete. Wenn die Köderfarbe eine unbedeutendere Rolle bei der Fängigkeit spielt (das hängt allerdings auch immer von der Beißlaune der Fische und den momentanen Wasserverhältnissen ab), so müssen wir der Führung der Gummiköder die größte Aufmerksamkeit verpassen. In der Regel fischen wir an steil abfallenden Uferkanten, über Unterwasserbergen und an Landspitzen, deren Strukturen sich unter Wasser fortsetzen.

■ Eine Landspitze, deren Verlauf sich unter Wasser fortsetzt. Ein Erfolg versprechender Platz für gute Pollacks.

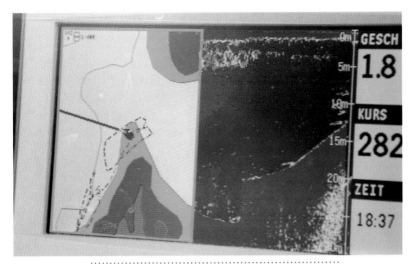

■ Dieselbe Spitze, dargestellt auf dem Plotter – auf dem Echodisplay sind die Fische an der Kante zu sehen.

Die Kanten

Steil abfallende Kanten sind Tummel- und Jagdplätze der großen Pollacks. Das können Steilwände sein, wie wir sie extrem zum Beispiel am Romsdalfjord finden. Blickt man nach oben, ragen die Felswände teilweise mehrere hundert Meter hoch – und genauso extrem setzt es sich unter Wasser fort. Sie können ihren Köder an die Felswand werfen und werden an einigen Stellen schon sehr hohe Zahlen beim Mitzählen erreichen, bis der Köder auf den Grund aufschlägt (wenn überhaupt wegen der Strömung!). Solche Kanten, auch die nicht 100 Meter tiefen, sind immer ein paar Versuche wert.

Dabei angelt der Spinnfischer am besten von oben nach unten. Beim ersten Wurf also den Gummifisch gar nicht absinken lassen, sondern sofort nach dem Einwerfen langsam einholen. Beim nächsten Wurf einige Sekunden bis zum Einholen verstreichen lassen und so weiter. Manchmal erfolgen die Bisse nur wenige Augenblicke, nachdem der Köder auf der Wasseroberfläche aufgeschlagen ist. Das Platschen lockt fressende Pollacks an und lässt sie den Gummifisch sofort attackieren, wenn das Einholen beginnt.

Doch es kann auch passieren, dass Fische den Köder eine Weile verfolgen und vielleicht erst kurz vorm Boot zuschlagen – oft, wenn der

An steil aufragenden Felskanten rauben die Fische dicht unter Land.

Köder seine horizontale Bahn verlässt und Richtung Oberfläche zum Boot gezogen wird.

Solche Uferkanten, die nicht unbedingt immer 100 Meter in die Höhe ragen müssen, sind Top-Gebiete für große Pollacks. Doch selbst an flachen, fast unscheinbaren Uferpartien lassen sich gute Fänge erzielen. Wenn Sie in Ihrem Angelgebiet neu sind oder neue Plätze finden möchten, können Sie sich an felsigen Uferkanten mit der Drift treiben lassen, in einem Abstand zwischen 20 und 50 Metern von der Küste und werfen Richtung Land.

Es ist fast ein bisschen so wie das Spürangeln mit der Spinnrute auf Hecht, wo wir ja auch die Schilfpartien und überhängenden Bäume abfischen. Nun, Schilf und Bäume finden Sie an den Fjorden direkt am Wasser eher weniger, dort sind es mehr die Felspartien, die unsere Aufmerksamkeit auf sich ziehen.

An manchen Tagen bringt das oben genannte Fischen direkt an den steilen Uferpartien kaum Bisse. Oft ist das im Hochsommer der Fall, wenn das Wasser warm ist und die Fische träge. Sie hängen dann faul am Grund rum, gerne dort, wo die Felsenkanten von ebenem Sandgrund abgelöst werden – in Tiefen zwischen 10 und 40 Metern. Jetzt werfe ich den Köder nur wenige Meter vom Boot aus, lasse ihn bis zum Grund absinken und hebe die Rutenspitze langsam an – der Gummifisch torkelt sanft aufwärts, nahezu vertikal, dann lasse ich ihn wieder etwas abtaumeln, bis er auf den Grund aufschlägt. Nun kurbele ich ganz langsam ein. Erfolgen auf den ersten fünf Metern keine Bisse, wird der Köder wieder zum Grund abgelassen und das Spiel beginnt von Neuem.

An den Bergen

Unterwasserberge, Plateaus und hervorragende Unterwassernasen (beispielsweise an Landspitzen) sind ebenfalls Top-Plätze für große Pollacks. Hier sind es die oft bizarren und bewachsenen Bergspitzen, an denen die Fische stehen. Aber auch die Kanten, wenn es plötzlich steil abfällt, bringen eine gute Fischerei. An solchen Unterwasserabbrüchen setze ich auch sehr gern kleine Pilker ein, die – im Gegensatz zum langsam geführten Gummifisch – extrem schnell, mit kurzen Spinnstopps durchs Wasser gejagt werden.

Die Köderführung an Bergen mit Gummifischen ähnelt dagegen der Führungsweise an Kanten. Also richtig schöööön langsam. An felsigen Bergen mit Bewuchs besteht natürlich eine größere Hängergefahr als im Freiwasser vor steilen Uferfelskanten. Da ist Vorsicht angesagt – und eine prall gefüllte Köderbox. Tangwälder, die bereits bis an die Oberfläche wachsen oder tiefer liegende, sind ebenfalls beliebte Tummelplätze von Pollacks. Die Fische stecken oft regelrecht zwischen den Pflanzen und schießen heraus, wenn sie Beute ausmachen – oder eben den vorbei wackelnden Gummifisch.

Aber auch über tiefer liegenden Bergspitzen, 100 Meter und mehr unter der Wasseroberfläche, treffen wir Pollacks an – oft sogar besonders große Exemplare. Da müssen als Köder dann Gummifische mit schweren Bleiköpfen bis 300 Gramm oder entsprechende Pilker ran. Besonders

■ Schlanke, flatternde Pilker zwischen 40 und 100 Gramm sind an Unterwasserabhängen optimale Köder für die Spinnrute – sie werden sehr schnell eingeholt.

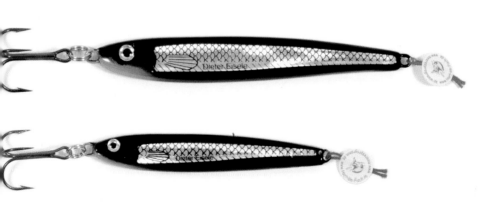

■ Untiefen sind oft mit Tangbewuchs versehen und erstklassige Plätze für Pollacks.

erfolgreich ist hierbei auch das schnelle Hochpilken mit dem Norwegen-Klassiker, dem Bergmann-Pilker, auch Svenske Pilk genannt. Kapitale Pollacks schließen sich auch gerne Schwärmen von großen Seelachsen an. Ihr Fang ist dann allerdings eher zufällig, weil die wesentlich zahlreicheren Seelachse schneller am Köder sind.

■ Pollacks lassen sich hervorragend an Brücken überlisten.

Kleine Fische, große Fische

Eine der sichersten Methoden, um Kapitale ans Band zu bekommen, ist das Fischen unter Schwärmen von Kleinfischen wie Hering oder Miniköhler. Das gilt übrigens genauso fürs Fischen auf Dorsch und Seelachs. Im Abschnitt über das Fangen großer Dorsche ist diese Methode inklusive der berühmten Überbeißermethode ausführlich beschrieben.

■ Typische Pollackplätze: Berge, Kanten, kleine Erhebungen am Grund.

Kurz & kompakt: Pollack

Top-Reviere: Südnorwegen bis Nordnorwegen Höhe Lofoten (die Nordküste Richtung Russland ist nicht so ergiebig).

Optimale Fangtiefe: 5 bis 100 Meter.

Top-Monate: April/Mai bis Ende September.

Top-Köder für Kapitale: Pilker, Blinker, Gummifische (um 12 Zentimeter), ganze Köderfische bis ein Pfund Gewicht.

Top-Gerät: Spinnausrüstung fürs leichte Fischen mit Gummifisch und leichten Pilkern (Rute um 2,60 Meter lang, Wurfgewicht 20 bis 80 Gramm mit weicher Spitze; Rolle: 4.000er Stationärrolle mit Frontbremse oder Baitcaster Multi wie Shimano Calcutta 251). Geflochtene mit 8 bis 11 Kilo Tragkraft. Fürs schwerere Fischen auch leichte Pilkausrüstung.

Landehilfen: Kescher, Kiefergreifer (Boga Grip), Gaff.

Top-Eigenschaften des Anglers: Mut zum Fischen im Flachen; blinde Vertrautheit mit leichtem Gerät, um auch kapitale Pollacks an Spinngeschirr zu bezwingen.

■ Der Boga Grip ist die optimale Landehilfe für Pollacks.

■ Der Greifer fasst den Fisch am Unterkiefer und der Fang wird gelandet.

Pollack: So lebt und liebt er

Im Gegensatz zum Köhler, der zur gleichen Gattung gehört, ist der Pollack (lat. *Pollachius pollachius*; manchmal auch Steinköhler genannt) kein reiner Freiwasserfisch, sondern orientiert sich meist an mit Tang bewachsenen Felskanten und Schären, sofern er sich in den oberen Wasserschichten aufhält.

Große Pollacks leben aber auch in Tiefen bis zu 200 Metern. Oft stehen sie in der Strömung über Unterwasserbergen oder Schiffswracks, wo sie auf Beute lauern. Bei einer Maximallänge von 130 Zentimetern erreichen sie bis zu 18 Kilo Gewicht. Das Höchstalter wird mit acht Jahren angegeben. Wie Dorsch und Köhler, so haben auch sie drei Rücken- und zwei Afterflossen, ein Bartfaden fehlt.

Ihr Verbreitungsgebiet reicht von Island und Nordnorwegen über Nordsee, Britische Inseln und Biscaya bis zur Marokkanischen Küste. Pollacks laichen im Frühjahr in Wassertiefen zwischen 100 und 200 Metern. Die Jungfische streifen meist in Küstennähe umher und bilden oft riesige Schwärme in Hafenanlagen, wo sie sich von Plankton ernähren.

Michael Janke

■ Liefern Atem beraubende Drills: starke Pollacks an der Spinnrute.

High Speed und Kraft pur

Sie sind die Ultras unter den norwegischen Fischen: ultra stark, ultra schnell und ultra lecker – Köhler oder Seelachse! In der Kampfkraft nehmen sie es mit gleich großen Heilbutten auf – Brocken über 20 Pfund sind kompromisslose Gegner.

Als ich meinen ersten Seelachs von über 20 Pfund fing, war ich von dessen Kampfkraft schlichtweg überwältigt. Was für ein Tempo legte der Bursche hin. Am ehesten würde ich ihn noch mit kleinen Tunfischen vergleichen, jedenfalls was das Verhalten im Drill angeht. Auch einen Heilbutt von 20 Pfund und einen Seelachs gleicher Größe in den ersten Drillmomenten auseinander zu halten, halte ich für ziemlich schwierig. Nur wird der Köhler natürlich nicht so groß wie die zu wahren Riesen heranwachsenden Heilbutte.

■ Rainer Korn mit knackigem Köhler von knapp 30 Pfund.

Obwohl interessanterweise jedes Jahr viele Seelachse um die 20 Kilo in Norwegen gefangen werden, hat der norwegische Rekord von 45,4 Pfund noch immer Bestand. Dieser gewaltige Seelachs ging am 14. November 1995 dem Norweger Thor-Magnus Lekang an den Pilker. Kurios: Der Riese wurde im berühmten Saltstraumen, dem stärksten Gezeitenstrom der Welt, vom Ufer aus gefangen! Der Ausnahmefang gelang Lekang nicht zufällig: Der als etwas eigen geltende Angler hatte sich auf die kapitalen Köhler im Straumen spezialisiert und wusste genau, wann die wahren Brummer kommen.

Dabei berichten professionelle Lofotenfischer von gewaltigen Seelachsen aus ihren Netzen: 60, 70, 80 Pfund gar sollen Exemplare schon auf die Waage gebracht haben. Gesehen hat solche Köhler-Riesen allerdings noch keiner, außer den Fischern – und Fotos existieren leider auch nicht. Bis also nicht ein solcher Monster-Seelachs offiziell irgendwo bestätigt wird, müssen wir von Spekulationen leben.

Vor dem Südzipfel der Lofoten fand auch die so genannte Havsei-Trophy statt – veranstaltet vom Reiseveranstalter Nordatlantik-Tours. Der Havsei (zu Deutsch Meer-Seelachs) soll jener Riesenköhler sein, der im Herbst aus der offenen See unter Land zieht und sich an Garnelen labt, die sich zur Laichzeit dort zu Millionen zusammenfinden. Der Havsei soll einen besonders breiten Rücken haben, einen gewaltigen Nacken und einen gigantischen Kopf. Doch obwohl während dieser Veranstaltung nun bereits einige Jahre Ende August, Anfang September auf den sagenumwobenen Riesen-Köhler gezielt gefischt wurde: Ein Seelachs von über 50 Pfund wurde dabei noch nicht gefangen. Ja, selbst 40-Pfünder sind Mangelware.

Havsei – alles nur Legende? Ich weiß es nicht und möchte weiterhin gern glauben, dass da irgendwo tatsächlich Schwärme von Seelachsen herumschwimmen, mit Stückgewichten jenseits der 25 Kilo. Wer weiß, vielleicht sind Sie ja der Glückliche, lieber Leser, der plötzlich einmal den 60-Pfünder in den Armen hält. Ich bitte dann nur ums eins: Schießen Sie viele gute Bilder und senden Sie mir diese zu!

Das Revier für Kapitale

Damit bin ich auch schon bei den Revieren angelangt. Wo können wir sie finden, die Köhlerkracher, die Super-Seelachse? Auch hier gibt's natürlich verschiedene Möglichkeiten. Die Lofoten habe ich bereits oben angesprochen, genauso wie den Saltstraumen. Dabei bildet der berühmte Mahlstrom eigentlich eine Ausnahme in Bezug auf den Großköhlerfang. Denn wenn bei einem Fisch die Regel gilt:»Je offener die See, desto größer der Fisch« – dann beim kapitalen Seelachs.

Auch bei diesem Fisch bildet Mittelnorwegen die Kapitalengrenze – sie liegt ungefähr auf Höhe des Sognefjords. Weiter südlich werden seltener und nicht regelmäßig wirklich große Seelachse von über 20 Pfund gefangen. Doch auch für weiter nördlich liegende Ziele heißt das nicht unbedingt, dass dort immer mit Köhlerriesen zu rechnen ist. Vielmehr sind einige Reviere mit guten Großköhler-Vorkommen gesegnet, andere wiederum nicht.

Grundsätzlich gilt die oben aufgestellte Großköhlerregel: Suchen Sie sich das offene Meer als Angelrevier aus. Vorgelagerte Inseln, Halbinseln – das sind die Ausgangpunkte für eine erfolgreiche Großköhlerjagd. Ebenfalls wichtig: Zwischen Ihrem Angelrevier und den Tiefen des atlantischen Beckens sollten keine Inselketten oder Flachwasserzonen liegen. Der große Seelachs liebt es, tiefes Wasser unterm Bauch zu haben – auch wenn er zeitweilig gern an flachen Unterwasserbergen jagt.

Es gibt ein paar Plätze, die (fast) Garantie auf Seelachse jenseits der 30 Pfund versprechen. Der südlichst gelegene Platz ist ohne Zweifel der berühmte Ørneklakken nordwestlich von Frøya gelegen (bei Hitra). Diese legendäre Unterwasser-Hügellandschaft, die Achterbahn der Kapitalen, bringt in schöner Regelmäßigkeit Köhler von 18 bis 20 Kilo. Dabei sind 18-Kilo-Fische zu bestimmten Zeiten – vor allem im zeitigen Frühjahr – regelmäßige Beute der Ørneklakken-Angler – interessanterweise wird darüber auch bei diesem Top-Revier die Luft knapp. Seelachse von über 40 Pfund sind auch dort Ausnahmefische.

Fast kann man schon sagen, 18 Kilo sind eine magische Grenze, die zu übertreffen auch dort sehr viel Glück erfordert. Dabei werden am Ørneklakken sehr viele Seelachse um 25 bis 30 Pfund gefangen – Superfische, die einen Norwegenangler glücklich machen.

Doch ich will an dieser Stelle auch nicht verschweigen, dass der Ørneklakken beziehungsweise seine Umgebung ein gefährliches Revier darstellt. Hier geht's Richtung Norden und Westen nur zur offenen See – kein

■ Großköhler im Drill auf dem Ørneklakken.

■ Stolz präsentiert der Fänger seinen Riesen – gefangen auf Gummifisch.

schützendes Land bricht die Welle oder bremst den Wind. Das Wetter schlägt in dieser Region sehr schnell ohne Vorwarnung um und hält sich oft genug an keine Vorhersage. Deshalb sollten Sie dieses Revier, das wirklich ein Ausnahmeplatz ist, nur mit größeren Booten, am besten im Verband mit mehreren, ansteuern. Oder Sie vertrauen sich ortskundigen Guides und ihren in der Regel gut ausgerüsteten Booten an.

Doch auch der Ørneklakken garantiert keine Riesenköhler. Großköhler ziehen weiträumig im freien Wasser umher. Heute sind sie hier, morgen dort. Deshalb ist auch der Ørneklakken, genau wie jedes andere Großköhlerrevier, an vielen Tagen frei von kapitalen Seelachsen. Da können Sie 500-Euro-Scheine an die Haken hängen – wo nichts ist, kann auch nichts beißen! Das gleiche gilt für die Lofoten, die Insel Røst, die Vesterålen und weitere potenzielle Großköhlerecken.

Außerdem erschwert ein anderer Umstand den erfolgreichen Abschluss der Köhlerjagd: das Wetter. Denn je weiter ich in der offenen See fische, desto stärker werde ich abhängig von der Gnade des Windgottes. Es kann durchaus passieren, dass Sie zwei Wochen auf einer vorgelagerten Insel hocken und nicht aufs offene Wasser kommen – wegen Wind und Wellen. Dafür gibt's keine Lösung – da müssen Sie halt dann durch und auf mehr Windglück bei der nächsten Tour hoffen.

Suchen, finden, fangen

Wenn die kapitalen Seelachse Ihnen nicht den Gefallen tun, an solchen prägnanten Plätzen herumzujagen wie dem Ørneklakken, dann müssen Sie sie suchen. Alle Arten von Unterwasserbergen, auch solche, deren Spitzen vielleicht noch 150 Meter unter der Wasseroberfläche liegen, sind potenzielle Großköhlerplätze.

Als Faustregel gilt, dass sich der größere Seelachs an solchen Stellen etwa im mittleren Drittel der Wassertiefe aufhält. Bei einer Wassertiefe von 120 Metern wäre das also der Bereich zwischen 40 und 80 Metern. Wie gesagt, das ist eine Faustregel.

An flachen Bergen, wie dem Ørneklakken, patrouillieren die silbernen Torpedos auch gern direkt an den steilen Kanten zum Flachen hin und jagen bisweilen kleinere Artgenossen auf den Plateaus in nur 20 Meter Tiefe. Wenn Sie in solchem Flachwasser eine Köhlerrakete von über 20 Pfund ans Band bekommen, geht ein Mordstanz los. Denn der Fisch versucht sofort, tiefes Wasser zu erreichen und donnert in einem Affentempo los. Das sind Drills, die das Blut in den Adern gefrieren lassen!

Die Suche im tiefen Freiwasser kann sich schwieriger gestalten. Denn hier gibt es keine offensichtlichen Stellen wie Berge oder Kanten, an denen sich die Fische orientieren. Vielmehr sind es dort andere Faktoren, die die Fische an bestimmten Stellen im

■ Ein Echolot erleichtert die Suche nach großen Seelachsen. Hier befindet sich ein Schwarm Futterfische im Mittelwasser, vermutlich kleine Seelachse (Heringe bilden eher Wolken). Ob die großen Räuber darunter stehen?

Ozean anziehen und die uns auf den ersten Blick nicht auffallen. Dazu muss man wissen, dass auch im Freiwasser riesige Schwärme an Kleinfischen oder Garnelen unterwegs sind.

Aufgrund unterschiedlicher Wassertemperaturen bilden sich unterschiedlich schwere Schichten. Diese Schichten reiben sich bisweilen aneinander und bilden für Schwärme kleinerer Lebewesen natürliche Barrieren (Strömungskanten). Sie stauen sich regelrecht an ihnen. Die Seelachse finden reiche Beute vor, in die sie immer wieder hineinstoßen. Solange dann Strömung und Windrichtung gleich bleiben, ändert sich auch an der Position dieses reich gedeckten Tisches kaum etwas. Wenn Sie einen solchen Punkt gefunden haben, speichern Sie ihn auf dem GPS und driften ihn immer wieder weiträumig ab. Auf diese Weise können Sie innerhalb kurzer Zeit mit vielen starken Seelachsen rechnen.

Diese Konstellation kann sich über Tage hinziehen – allerdings meist immer nur zu bestimmten Zeiten, wenn Tidestrom und Wind die gleichen Auswirkungen haben. Also zum Beispiel morgens oder abends. Grundsätzlich gilt: Wenn Sie einen Biss hatten, dann sind garantiert mehr Seelachse dort unterwegs. Denn auch der kapitale Köhler ist ein ausgesprochener Schwarmfisch.

Klassische Großköhler-Ausrüstung fürs tiefe Fischen: schwerer Svenske Pilk, roter Gummimakk, 30-lb-Rute und schwere Multi.

In der Ruhe liegt die Kraft

Den meisten Anglern fehlt es an Geduld, um wirklich konzentriert auf große Seelachse zu angeln. Wenn nach drei, vier Stunden Suche im freien Wasser nichts am Band gezuppelt hat, werden sie nervös und beginnen zu nörgeln. Sie wollen wieder auf die flache Bergspitze und Köhler der Ein-Pfund-Klasse fangen.

Wenn Sie, liebe Leser, sich – und davon gehe ich aus, da Sie sich dieses Buch zugelegt haben – ernsthaft mal mit den Großen anlegen möchten, mit den kapitalen Köhlern und anderen Fischen, die hier beschrieben werden, dann müssen Sie das bereits bei der Zusammenstellung Ihrer Bootscrew berücksichtigen. Notorische Kleinfischangler und reine Filetschneider sind fürs Fischen auf Dicke keine passenden Partner.

Ich habe bereits viele Bootsbesatzungen erlebt, die spätestens nach drei Tagen heillos zerstritten waren, weil die Interessen der einzelnen Boots»kollegen« zu unterschiedlich waren. Heringsangeln in einer Bucht und gleichzeitig Tiefseefischen in 200 Metern geht nun mal nicht zusammen!

Der Seelachs ist ein ruheloser, schneller Schwimmer – immer auf der Suche nach Beute. Besonders scheint ihn auch schnell strömendes Wasser anzuziehen. Selbst große Seelachse ziehen bisweilen, wenn die Tide stimmt, in schmale Meerengen, unter Brücken und ähnliche Plätze dicht unter Land, um Beute zu machen. Es sind meist keine Riesenschwärme, sondern kleinere Trupps, die sich dort zum Jagen einfinden, wenn Strömung, Wasserstand und Futtervorkommen passen.

Mittlerweile haben viele Angler das gecheckt und gehen mit dem richtigen Geschirr an diese Stellen, um den streunenden Köhlerkrachern aufzulauern. Schwere Blinker, leichte Pilker und Gummifische sind dann die optimalen Köder, um einen der »Landräuber« zu verhaften. Lässt es das Ufer zu und kommen die Fische in Reichweite, dann sind solche Brocken sogar mit der kräftigen Spinnrute zu bezwingen.

Das sind Drills auf Biegen und Brechen, wenn ein 20-pfündiger Seelachs im Strom (!) auf Drehzahl kommt und versucht, das offene Wasser zu erreichen. Eine Top Gerätezusammenstellung, ein erfahrener Angler und auch eine gehörige Portion Glück sind dann nötig, um so einen Drill zu einem erfolgreichen Ende zu bringen.

Fatal wird's oft, wenn ein solcher Brummer dann vor einem liegt, quasi vor den Füßen – nur, man kommt nicht an ihn ran! Denn die Uferpartien in Norwegen sind in der Regel dort, wo sich solche Angelstellen befinden, keine Sandstrände. Deshalb sollten Sie sich vor jedem Auswerfen des Köders überlegen, wo Sie im Falle des Falles den Dicken auch wirklich sicher landen können, ohne Gefahr zu laufen, ins Wasser zu fallen.

So wird gefischt

Die erfolgreichsten Köder fürs Großköhlerfischen: Köderfisch, Gummifisch, Pilker. Wenn ich unter dichten Wolken von Kleinköhlerschwärmen auf die kapitalen Seelachse darunter fischen möchte, ist der kleine Seelachs ein toller Köder. Viele setzen dann eine Methode ein, die grenzseitig ist, was ihren gesetzlichen Zusammenhang angeht: Die oft zitierte so genannte Überbeißermethode. Denn auch in Norwegen ist der lebende Köderfisch verboten.

Warum wir deshalb mit der Überbeißermethode im legalen Niemandsland fischen, wird rasch deutlich, wenn wir uns diese spezielle Methode einmal anschauen. Überbeißer bedeutet nichts anderes, als dass wir bewusst einen kleinen Fisch, meist einen Seelachs, haken, und diesen dann einige Meter unter seinen Schwarm ablassen. Der gehakte Fisch benimmt sich logischerweise sehr ungewöhnlich, was wiederum die großen Jäger anlockt. Denn die beste Beute für einen Raubfisch ist die leichteste Beute. Er benötigt wenig Energie und weniger Zeit, um Beute zu machen, wenn er einen verletzten oder halb toten Fisch frisst.

Dazu kommt, dass sich unser gehakter Köderfisch außerhalb des großen dichten Schwarms aufhält, was es dem Räuber wiederum leichter macht, ihn erfolgreich zu attackieren. Aus all diesen Gründen wird schnell klar: die Überbeißer-Methode ist ungeheuer erfolgreich – vor allem wenn mit speziellen Montagen gefischt wird.

Ich persönlich verwende die Überbeißer-Methode aufgrund des Konfliktes mit dem norwegischen Gesetz nicht, sondern bevorzuge den toten Köderfisch. Im Übrigen können Sie auch ihre herkömmliche Überbeißer-Montage verwenden, holen den gehakten Köderfisch aber nach dem Anbiss hoch, schlagen ihn ab und lassen ihn wieder runter. So fischen Sie diese erfolgreiche Methode, ohne mit dem Gesetz in Konflikt zu geraten.

Und ein frischer toter Köderfisch, durch die Schaukelbewegungen des Bootes auf und ab gehoben, wirkt auf einen großen Raubfisch ebenso attraktiv wie ein lebender, gehakter Köderfisch. Weitere Details und Montagen zur Köderfisch-Methode finden Sie auch im Kapitel über das Angeln auf Großdorsch. Die Angelmethode fällt für beide Fischarten ähnlich aus.

Natürlich mit Gummi!

Verheißungsvoll tauchen sie immer wieder auf dem Echolot-Display auf: Genau in der Sprungschicht stehen sie, riesige Seelachse, dargestellt als knackige rote Sicheln. Ein untrügliches Zeichen dafür, dass die Fische eine Fresspause eingelegt haben. Denn normalerweise werden raubende, schnelle Seelachse nicht als ununterbrochende Sicheln dargestellt, sondern lediglich als Sicheln, die aus einzelnen Punkten bestehen - weil sie sich so schnell bewegen.

Wir ziehen unsere Gummifische immer wieder durch den heißen Bereich, der auf rund 30 Metern liegt - nix! Doch plötzlich kommt Leben in die Bude, die Tide setzt ein - Zeichen für die Räuber, auf Beutezug zu gehen. Nun tauchen die Punktesicheln auch wieder in unterschiedlichen Wassertiefen auf - der Tanz geht los! Ich lasse meinen weißen Gummifisch am 60-Gramm-Kopf auf etwa 50 Meter absinken, dann kurbele ich sehr schnell ein, immer wieder dabei die Rute hoch reißend, um dem Köder einen zusätzlichen Kick zu geben. Dann mal ein kurzer Spinnstopp und weiter geht's mit flottem Tempo Richtung Boot.

■ Jerkbaitrute, kleine Baitcaster-Multi, hier ein Modell von ABU mit speziell verstärktem Getriebe (Abu Ambassadeur 5601 JB), das die harte Fischerei auf Großköhler aushält.

Doch brachial wird mein Kurbeln unterbrochen, als ein starker Köhler einsteigt. Die Rutenspitze meiner leichten Jerkbaitrute neigt sich bedenklich zum Wasser, dumpfe, kräftige Schläge verraten mir, dass ein kapitaler Köhler zugeschnappt hat. Denn diese Fische stehen nach dem Biss oft ein, zwei Sekunden, schütteln ihren gewaltigen Kopf und rasen erst dann in die Tiefe des Atlantiks. Unerfahrene Angler meinen in diesen ersten Augenblicken, einen kleinen Köhler gehakt zu haben, bis der vermeintlich kleine dann plötzlich Fahrt aufnimmt.

Bitte bremsen

Deshalb sollte die Bremse beim Speed-Fischen auf Seelachs auch immer so eingestellt sein, dass ein gehakter Fisch Schnur abziehen kann. Vor allem, wenn mit leichtem Spinngerät geangelt wird, kommt der Bremseinstellung eine erhebliche Bedeutung zu. Und Enrico Wyrwa, Top-Guide von Kvenvaer auf Hitra, und ich fischen heute ultra-leicht!

Wir wollten ausprobieren, ob das wirklich funktioniert: mit leichtem Zeug auf schwere Jungs! Wir haben kurze Jerkbaitruten in zwei Metern Länge gewählt, mit Wurfgewichten bis 100 Gramm. Die ultra-schlanken Ruten liegen fantastisch leicht in den Händen - unglaublich. Dazu haben wir passende Rollen angeschraubt: Enrico eine kleine, sehr hochwertige Baitcaster von Daiwa, ich habe die kleine Multi Abu 5601 Jerkbait gewählt. Auf beiden Multis befinden sich jeweils über 300 Meter Geflochtene mit einer Tragkraft von 11 Kilo - das entspricht einer Schnurstärke von um 0,16 Millimeter - je nach Qualität der Schnur.

Mit dieser Gerätezusammenstellung wären Enrico und ich vor fünf Jahren nicht mal auf große Dorsche gegangen. Und nun wollten wir diese Leichtgewichte auf die kampfstarken Köhler einsetzen. Ein wenig bummelig war uns schon, als wir zu fischen anfingen, denn wir wussten, dass an dieser Stelle im Ramsøyfjord zurzeit Köhlerkracher von über 25 Pfund umher streunten - Granatenfische mit breiten Rücken und gewaltigen Kräften.

Mein Fisch jedenfalls gehört eindeutig zur Fraktion der größeren Köhler. Nach einigen Kopfschüttlern rast er der Tiefe entgegen. Wir wollen unser leichtes Angelgerät auf Herz und Nieren testen, um die Grenzen auszuloten. Also habe ich die Bremse fester angezogen, als ich es normalerweise täte. Das feine Jerkbait-Rütchen biegt sich kräftig durch, mit beiden Händen halte ich Rute und Rolle fest - was für ein Druck! Doch der große Einzelhaken des Jigkopfes scheint perfekt zu sitzen, die Schnur hält, auch Rute und Rolle halten dem gewaltigen Zug des Fisches stand.

Langsam erkämpfe ich mir die Kontrolle über den Fisch. Doch immer wieder reißt er mir Schnur von der Rolle und mein Gerät fast mit über Bord. »Über 20 Pfund!«, ruft Enrico bestimmt herüber – kapitale Seelachse sind seine Spezialität. Ich glaube ihm das aufs Wort, denn die Kräfte, die der Fisch da entwickelt, sind imposant. Und dann an diesem leichten, feinen Gerät: Das sind ganz neue Drill-Dimensionen – ein neues, tolles Angelgefühl.

Nach rund zehn Minuten habe ich die Oberhand gewonnen und bald taucht ein weißer Schatten neben der Bordwand auf – 22 Pfund wird dieser Köhler-Kracher auf die Waage bringen. Ein gerade mal 12 Zentimeter weißer Kopyto-Gummifisch am 60-Gramm-Kopf wurde ihm zum Verhängnis. Enrico und ich fangen an diesen Morgen noch einige schöne Seelachse mit unserer neuen Ultra-leicht-Methode. Und wir sind uns sicher: Das wird Schule machen – schon bald werden die nächsten Norwegenangler mit Jerkruten und kleinen Multis oder mittleren Stationärrollen Jagd auf kapitale Köhler machen...

■ Enrico drillt mit der feinen Rute einen Kapitalen.

Auch mit guten Stationärrollen kann man dieses feine Angeln betreiben. Allerdings müssen diese zwangsläufig etwas größer ausfallen, um die nötige Schnurmenge aufzunehmen. Außerdem leiden kleinere Stationärrollen mehr als kleine Multis, da allein von der Mechanik her alles eine Nummer zarter ausfallen muss (Bremse, Getriebe etc.).

Man muss aber zum erfolgreichen Gummifischangeln auf Großköhler nicht unbedingt eine Jerkbaitrute verwenden – eine mittelschwere bis leichte Pilkrute versieht ebenso ihre Dienste. Auch ich fische gern meine »Popp & Pilk«-Rute, zusammen mit einer Penn Slammer 560 – vor allem dann, wenn ich vom Kutter angle. Denn da ist die ultra-feine Jerkbait-Kombi dann doch schnell mal überlastet, zum Beispiel bei starker Drift. Auch fällt die Länge mit zwei Metern fürs Kutterangeln zu kurz aus. Doch vom kleinen Boot aus ist die Jerkbait-Kombi eine Traum-Kombination, die Norwegenangeln in völlig neuem Licht erscheinen lässt.

Ganz wichtig: Alle Komponenten der Ausrüstung müssen größten Belastungen stand halten – also auch die verwendeten Karabinerwirbel, Wirbel, Schnüre, Jighaken und so weiter. Die Knoten müssen akkurat gebunden sein, sonst riskieren Sie Abrisse. Ich schalte vor den Köder ein rund 40 Zentimeter langes Stück Monofile (0,45 Millimeter). Denn oft inhalieren Köhler den Gummifisch komplett – ohne Monofile könnte die Geflochtene dann an den Reibezähnen des Köhlermauls durchscheuern. Die Monofile und die Geflochtene verbinde ich mit einem kleinen, aber robusten Wirbel.

Der Köder wird in einen Karabinerwirbel gehängt oder noch besser: in einen Sprengring, der an einem Wirbel befestigt wird. So wird die Gefahr unterbunden, dass ein Karabiner während des Drills aufspringen kann und der Fisch verloren geht. Zwar fällt der Köderwechsel dann etwas komplizierter aus, aber Sie sind auf der sichereren Seite.

Köder für Kracher

Wir haben verschiedene Gummifische ausprobiert und es gibt eine ganze Menge, die auf Köhler taugen. Bei Gummifischen bis zu 12 Zentimeter Länge und einem Jighaken der Größe 6/0 reicht in der Regel dieser Haken aus, um die Fische sicher zu haken. Doch ich habe auch größere Modelle bis zu 15 Zentimetern ausprobiert und da hat es sich bewährt, einen zweiten Haken einzuziehen. Oder Sie befestigen einen Greiferdrilling mit Hilfe eines Stücks Dacron am hinteren Ende des Köders.

Als enorm fängig habe ich die Köderfarben Weiß und Schwarz erlebt. Auch sehr erfolgreich: Köder mit Firetiger-Färbung. Meine Gummifisch-favoriten fürs Großköhlerfischen: Kopyto River, 12 Zentimeter in Weiß (im Handel über ShadXperts), Big Hammer, 15 Zentimeter, Firetiger (über Think Big). Als super erfolgreich stellte sich der tiefschwarze Salt Shaker in 15 Zentimeter von Lunker City heraus (in Deutschland online bei www.as-tackle.de zu bekommen) – ein absoluter Superköder, dem ich Köhler bis an die 30 Pfund zu verdanken habe.

Wenn Drift und Strömung es zulassen, bis zu 60 Gramm Bleigewicht zu fischen, dann sind die konischen Jigköpfe von Fox eine sehr gute Wahl. Die eigentlich fürs Hechtangeln entwickelten Köpfe sind mit dünndrähtigen, aber sehr scharfen und großen Einzelhaken versehen. Es gibt sie mit unterschiedlichen Schenkellängen – die längere Ausführung passt perfekt zu 15-Zentimeter-Gummifischen; ein zweiter Greiferhaken wird bei diesen Jigköpfen nicht mehr benötigt. Leider habe ich sie noch nicht in schwereren Ausführungen gefunden.

Mit dem Pilker packen

Natürlich ist auch der Pilker noch immer ein Top Köder für den Fang von Seelachsen. Allerdings bekommt man mit ihm mehr Fehlbisse als etwa beim Fischen mit Gummis. Denn der Seelachs jagt, wie übrigens viele andere Fische weltweit auch, meist auf diese Weise, dass er seine anvisierte Beute verfolgt und kurz mit der Schnauze antippt. Hat er die Beute für fressenswert befunden, packt er noch mal, dann aber richtig, zu.

Wenn Sie nun mit einem Pilker und Enddrilling fischen, wird der attakkierende Seelachs häufig bereits bei seiner ersten »Kontroll«-Attacke von einer Hakenspitze erwischt. Doch in vielen Fällen wird der Fisch hierbei außen gehakt und geht nach kürzerem oder längerem Drill wieder verloren. Oft scheinen diese außen gehakten Köhler dann besonders riesig gewesen zu sein – das rührt aber nur daher, dass von außen gehakte Fische beim Flüchten einen anderen Winkel zur Schnur einnehmen als Fische, die korrekt im Maul gehakt wurden.

Sie kennen das vielleicht selbst von kleineren Fischen, die mittig gehakt wurden: Da hat man dann bei nur wenig mehr Drift auch schon das Gefühl, einen »Guten« zu haben und ist dann erstaunt, welcher Zwerg sich am Köder vergriffen hat. Ich habe einmal in 290 Metern Tiefe bei einer Drift von 1,2 Knoten einen 16-pfündigen Leng mit dem Einzelhaken hinter der Brustflosse gehakt. Der Drill war hammerhart und ich ging felsenfest davon aus, einen Heilbutt der 40-Pfund-Klasse gehakt zu haben, so ging dieser Leng zu Werke.

Ich hatte meine Mitangler schon ganz fuchsig gemacht und sie zur Vorbereitung für die Landung des angeblichen Buttes angehalten, also Heilbuttharpune klar machen und sichern, alles von Deck räumen, über das wir stolpern könnten, beide Gaffs zurechtlegen – und dann tauchte der 16-Pfünder Leng da unterm Boot auf. Ich war fix und fertig vom Drill, weil ich den Fisch hart ran genommen hatte und konnte kaum glauben, was ich da vor dem Boot sah. Der Drill hatte eine Viertelstunde gedauert – genau so lang, wie ich einmal für einen 60-Pfund-Heilbutt gebraucht hatte, der in 90 Metern Tiefe gebissen hatte.

Solo für Pilker

Aus dem Big Game-Fischen kommt eine Pilkmethode, die auch in unseren Breiten für viel Wirbel gesorgt hat: das so genannte Speed Jigging. Speed Jigging bedeutet zu Deutsch Tempo-Pilken und meint, wie es heißt: ultra-schnelles Durchpilken der Wasserschichten. Wer es schon einmal auf Tun oder Stachelmakrele selbst ausprobiert oder es in einem Film gesehen hat, merkt schnell, das kostet richtig Kraft und ist mega anstrengend. Ich habe auf diese Weise vor Thailand vor einigen Jahren gefischt – es ist wirklich Kraft raubend! Aber auch sehr effektiv.

Nur: Das schnelle Einholen des Pilkers wird in Norwegen auch schon etliche Jahre praktiziert. Begonnen und perfektioniert hatten diese Methode Uwe Onken und seine Gäste am Romsdalfjord, um eben auf Seelachs zu fischen – und zwar über 300 Meter tiefem Wasser mit 60-Gramm-Pilkern.

In Norwegen gibt's auch nicht so viele andere Fische, die mit einer solchen rasanten Führungsweise des Pilkers zum Anbiss verleitet werden können. Die meisten Fischarten dort sind schlichtweg zu langsam oder jagen nur selten im freien Wasser. Das »richtige« Speed Jigging ist deshalb für Norwegen kaum erfolgreich einsetzbar und auch nicht nötig: Denn die Fische, die darauf ansprechen wie Seelachs und Heilbutt, lassen sich auch genauso gut mit langsamer eingeholten Pilkern fangen – warum, in Petri Namen, soll ich mir also einen solchen Stress machen, wenn's auch einfacher geht?

Eine Sache vom Speed Jigging sollten sich aber vor allem die Großköh-lerangler unbedingt abgucken: die Haken und deren Montage. Denn der Speed Jig wird mit einem oder zwei Einzelhaken gefischt. Dabei sind die Haken jeweils an ein dickes Stück Dacron (z.B. Wallervorfach) geknotet. Dieses Stück Dacron wiederum wird an einen geschlossenen, kleinen Stahlring gebunden. Der Karabinerwirbel der Hauptschnur wird in den Stahlring geklinkt, der Pilker mit Hilfe eines Springringes ebenfalls (Aufbau siehe Fotos).

Beißt ein Fisch, hängt er also nicht am Pilker, sondern am Einzelhaken, der wiederum an Stahlring und Karabiner befestigt ist. In der Regel wird die Dacronlänge des Hakenarmes so gewählt, dass der Haken in der Mitte des Pilkers baumelt.

Diese Hakenmontage ist eine sehr gute Lösung, um das weiter oben besprochene Problem der »Kontroll«-Attacken bei Seelachsbissen, also den ersten prüfenden Köder-Kontakt der Fische, zu lösen. Der Fisch kann, ohne die Gefahr aus Versehen irgendwo im Kopfbereich falsch gehakt zu werden, den Pilker prüfend anstoßen, um ihn einige Sekun-den später herzhaft vernaschen zu können.

Erst hatte ich ja meine Zweifel, ob der ziemlich allein da hängende Ein-zelhaken einen Fisch tatsächlich sicher haken würde, aber nach vielen erfolgreichen Einsätzen kann ich nur sagen: Speed Jigging im engsten Sinne brauchen wir in Norwegen nicht, aber diese Hakenmontage des

■ Ein Speed Pilker (hier ein Butterflyjig von Shimano) mit spezieller Einzelhakenmontage.

Speed Jiggings – die ist einfach genial und hält gleich dazu noch die meisten Kleinen von meinem Haken fern. Auch die verschiedenen im Handel angebotenen Speed Pilker (Shimano, Williamson, Pro Tack) sind nahezu alle sehr fängig, vor allem was die Angelei auf große Seelachse, aber auch große Pollacks und Heilbutte angeht. Mein Tipp: Unbedingt ausprobieren – den Pilker mit Solo-Haken!

Das richtige Gerät

Fischten wir früher noch recht klobig auf größere Köhler, so hat sich das in den vergangenen Jahren reichlich verändert. Wie ich bereits in dem Abschnitt übers Gummifischangeln auf Großköhler geschrieben habe: Heute setze ich Ruten und Rollen ein, mit denen hätte ich mich Anfang der 90er Jahren noch nicht einmal nach Norwegen gewagt! Geschweige denn damit gezielt auf Seelachse jenseits der 20 Pfund geangelt.

Es hängt ein bisschen davon ab, unter welchen Bedingungen Sie fischen. Je

■ Der Karabiner wird nicht in den Sprengring des Pilkers eingeklinkt, sondern in den geschlossenen Metallring, an dem auch der Haken hängt.

größer das Boot und je stärker die Strömung, desto schwereres Gerät – bis hin zu 30-Pfund-Ruten – muss ran. Ich versuche, immer so leicht wie möglich zu fischen, weil ich mehr Spaß beim Angeln habe und es viel sensibler ist, aber auch, weil ich die Köder attraktiver führen kann.

Für mich zählt beim gezielten Angeln auf große Köhler der Einzelköder – also ein Gummifisch oder ein Pilker. Ich fische grundsätzlich nicht mit Gummimakks auf Kapitale. Erstens steigen viel zu viele kleine Fische ein und zweitens bedeuten drei oder mehr Köhler der 20-Pfund-Klasse an

einer Rute oft Schnurbruch. An dem feinen Gerät, das ich mitterweile in Norwegen für den größeren Spaßfaktor einsetze, ist für solche Paternoster-Systeme wie Makks einfach kein Platz mehr.

Drill & Landung

Ein großer Seelachs benimmt sich ein wenig wie ein Tun. Nach dem Anbiss versucht er in irrwitzigem Tempo zu entkommen. Normalerweise geht es in die Tiefe, über flachen Plateaus schießt er horizontal davon. Lassen Sie den Fisch ruhig laufen, vorausgesetzt, Sie haben ausreichend Schnur auf der Rolle (das sollte allerdings Pflicht beim gezielten Großköhlerangeln sein!).

Stößt der Fisch in die Tiefe, wird er irgendwann Probleme mit dem Druckausgleich bekommen. Je größer der Seelachs, desto tiefer kann er allerdings in einem Rutsch tauchen. Ich persönlich bremse die Burschen mittlerweile etwas stärker ab, damit nicht nur der wechselnde Wasserdruck den Drill besorgt, sondern ich auch meinen Anteil daran habe.

Wenn ein kapitaler Köhler komplett aus-gedrillt worden ist, bleibt an der Ober-fläche nicht mehr viel Widerstand übrig. Meist zeigen selbst sehr große Fische dann Weiß und legen sich auf die Seite. Doch oft mobilisieren sie plötzlich und unver-mittelt noch mal letzte Kräfte und versu-chen, durch eine letzte kraftvolle Flucht wieder davon zu schießen. Und manchmal gelingt ihnen dann doch noch die Flucht, weil der Angler gedanklich bereits bei der Landung des Fisches war und einen Moment nicht konzentriert.

Ich persönlich lande Seelachse am lieb-sten mit dem Boga Grip, also dem »Lip-pengreifer«. Wenn man erst einmal ein wenig vertraut mit dem Ding ist, erweist es sich jeder anderen Landemethode als überlegen. Beim Kescher kann es immer passieren, dass ein Haken außen im Netz hängen bleibt und der Fisch dann zwar am Netz ist, aber draußen!

Die Handlandung hinter den Kiemen-deckeln ist schwieriger und ich sehe zum Teil selbst geübte Norwegenangler, die manchmal eine ganze Weile brau-chen, um den Fisch sicher zu packen. Das ist nicht unbedingt schon allein aus Gründen der Sicherheit zu empfehlen, da sich der Greifende sehr weit über die Bordwand zum Wasser beugen muss.

Das Gaff wiederum ist oft beim Köhler am Kopf schlecht zu setzen und, ins Fleisch gehämmert, zerstöre ich die Filets. Außer-dem ist Gaffen sicherlich die schlechteste Landemethode, wenn ich auch mal einen Fisch wieder zurücksetzen möchte.

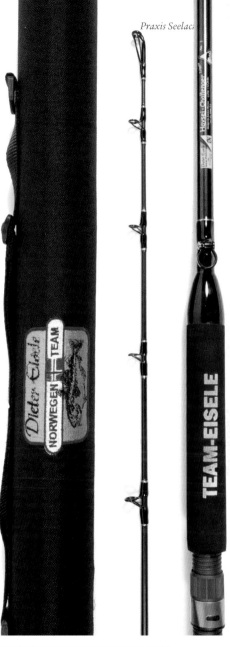

■ Extra fürs feinfühlige Großköhler-fischen von Enrico Wyrwa entwickelt: die Rute Havsei Challenger von Eisele.

179

Tipps & Kniffe

Obwohl es immer wieder heißt, der große Seelachs sei nur mit schnell geführten Ködern zu verführen, so gibt's auch hier durchaus immer wieder Gegebenheiten, bei denen das nicht funktioniert. Vor allem dann, wenn die Seelachse ruhig im Mittelwasser stehen und nicht auf der Jagd sind.

Dann sind es super träge geführte Gummifische oder auch verzögert gezogene Pilker, die die Fische doch noch zum Anbiss zu bringen. Beim Gummifisch reicht es dann, wenn Sie die Rute in den Rutenhalter stecken. Selbst schwache Wellenbewegungen reichen dann aus, um den Gummifisch attraktiv leicht auf- und abtrudeln zu lassen. Sie sollten nur die Bremse weicher einstellen und auch der Rutenhalter darf nicht gleich bei der ersten heftigen Attacke über Bord fliegen – inklusive Rute und Rolle!

Eine gute Möglichkeit, um große Seelachse zu finden und dabei gleichzeitig zu fangen, stellt auch das Schleppangeln mit sehr großen, extrem tief tauchenden Wobblern dar. An geflochtener Schnur erreichen solche Tieftaucher (von Rapala, Storm oder Mann's zum Beispiel) in Längen zwischen 18 und 30 Zentimeter teilweise bis zu 20 Metern Tauchtiefe. Sie können die Köder noch tiefer bringen, indem Sie Vorschaltbleie, Tieftauchschaufeln (Dipsy Diver und ähnliches) oder natürlich Downrigger verwenden..

■ Bei Gummifischen mit längeren Schwänzen sollte ein zweiter Haken eingesetzt werden.

■ Exklusive Traumrute fürs Spinnfischen vom Ufer: die Lesath Shore Game von Shimano.

Kurz & kompakt: Seelachs

Top-Reviere: Südwestnorwegen (Sognefjord) bis Nordnorwegen (die Nordküste Richtung Russland ist nicht so ergiebig für große Köhler).

Optimale Fangtiefe: 20 bis 100 Meter.

Top-Monate: März, April, Mai sowie September bis November.

Top-Köder für Kapitale: Svenske Pilker (Bergmannpilker) bis 1000 Gramm, Gummifische (12 bis 25 Zentimeter), ganze Köderfische (Seelachs bis ein Kilo Gewicht), Speed-Pilker mit spezieller Einzelhaken-Aufhängung.

Top-Gerät: fürs schwere Pilk-, Köderfisch- und Gummifischangeln 30-lb-Rute, hochwertige Multi ohne Schnurführung, Schnurfassung 400 Meter einer 20 Kilo tragenden Geflochtenen; fürs Spinn- und Gummifischangeln mittlere Pilkrute, Wurfgewicht 50 bis 200 Gramm, um 2,60 Meter lang; mittlere Multi (Cacutta 700) oder sehr gute Stationärrolle (Shimano Stella 6000), Geflochtene um 17 Kilo Tragkraft.

Fürs Light Tackle-Fischen auf Großköhler: Spinnruten (oder Jerkbaitruten) 40 bis 100 Gramm Wurfgewicht, 2,00 bis 2,60 Meter lang; Baitcaster (Shimano Calcutta 400, Penn International 975, Abu Ambassadeur 5601 Baitcaster); Geflochtene 11 bis 17 Kilo Tragkraft.

Landehilfen: Gaff, großer Kescher, Kiefergreifer (Boga Grip).

Top-Eigenschaften des Anglers: Geduld bei der zum Teil längeren Suche nach Schwärmen von kapitalen Köhlern.

Seelachs – so lebt und liebt er

Der Köhler (lat. *Pollachius virens*) ist einer der wenigen Vertreter der Dorschartigen, die vorwiegend im Freiwasser leben. Dort zieht er in mehr oder weniger großen Schwärmen umher und stellt Kleinfischen und pelagisch (im Freiwasser) lebenden Garnelen (Nordischer Krill) nach. Im Schutz der Dunkelheit kommen die Fische oft direkt bis zur Oberfläche, um dort zu fressen. Seelachse können eine Maximallänge von 130 Zentimetern bei einem Höchstgewicht von 32 Kilo erreichen. Sie werden bis zu 30 Jahre alt.

■ Ein Angelboot steht genau überm Seelachsberg. Die Dämmerungsphase am Abend treibt Seelachse oft noch einmal in einen wahren Jagdrausch.

Wie Dorsche, so haben auch Köhler drei Rücken- und zwei Afterflossen, von denen die erste weiter vorne als beim Kabeljau ansetzt. Der Bartfaden ist sehr klein oder fehlt ganz. Von seinem nahen Verwandten, dem Pollack, der zur gleichen Gattung gehört, unterscheidet sich der Seelachs durch die helle, nahezu gerade Seitenlinie. Zudem hat der Köhler meist einen bläulich- grünen Rücken, während dieser beim Pollack eher bräunlich gefärbt ist.

Das Verbreitungsgebiet des Köhlers reicht von der Kanadischen Atlantikküste über Grönland, Island, rund um die Britischen Inseln, Biscaya, die Nordsee und Norwegen bis zur Barentssee.
Bei einer Länge zwischen 60 und 70 Zentimetern werden die Fische geschlechtsreif. Die Laichzeit liegt zwischen Februar und April in Wassertiefen von 200 Metern.

Markierungs-Experimente haben ergeben, dass Köhlerschwärme sehr weite Wanderungen innerhalb ihres Verbreitungsgebietes unternehmen können. Die irreführende Bezeichnung »Seelachs« ist übrigens lediglich ein Handelsname und dient der besseren Vermarktung. Als »Lachsersatz« kommt das rötlich eingefärbte Fleisch, in Öl eingelegt, auf den Markt, meist in Gläsern oder Kunststoffverpackungen. Mit Salmoniden, zu denen unter anderem Lachse und Forellen gehören, haben Köhler nicht viel zu tun. Anders als beim Dorsch kommt das Filet vom Seelachs grundsätzlich enthäutet auf den Markt, da die schuppige Haut ungenießbar ist. Das Fleisch ist nicht rein weiß, sondern weist eher eine leicht hellgraue Färbung auf.

Michael Janke

Von Rochen bis Eishai

Es gibt noch eine Reihe weiterer Fischarten in Norwegen, die relativ groß werden oder echte Giganten sind. Doch entweder sind sie sehr selten, nicht gezielt zu fangen oder es fällt schwer, gezielt auf Kapitale ihrer Art zu angeln.

Gigant der Tiefsee

Der absolute Gigant Norwegens ist ohne Frage der **Eishai** (lat. *Somniosus microcephalus*, norw. Håkjerring).

Über 2000 Kilo schwer und sieben Meter lang kann dieser Riese werden. Meist jedoch liegt seine Länge um die drei Meter. Der Eishai lebt in Tiefen zwischen 200 und 600 Metern über weichem Grund. Über den braun gefärbten Fisch, dessen Leber früher industriell verwertet wurde, ist kaum etwas bekannt. Man weiß, dass er sehr langsam wächst. Ein markierter Eishai von zweieinhalb Metern Länge war nach 16 Jahren bei seinem Wiederfang nur acht Zentimeter gewachsen!

■ Eishai im Drill an der Oberfläche.

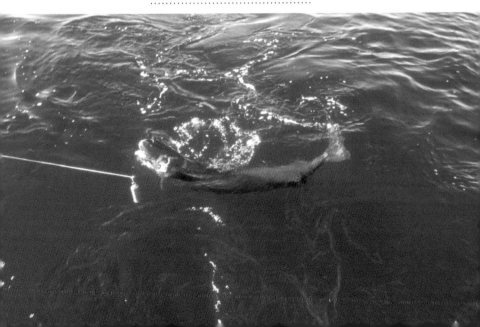

Eishaie, auch Grönlandhaie genannt, sind träge Fische und tragen ihren lateinischen Beinamen »Somniosus«, was der Schlafende bedeutet, zu Recht. Ich habe einmal im südnorwegischen Langesund auf Eishai zusammen mit norwegischen Eishai-Spezialisten gefischt. Und ich kann nur sagen, dass sich ein gehakter Eishai ebenfalls sehr träge an der Angel benimmt. Von Drill kann eigentlich keine Rede sein – da können Sie auch einen Kartoffelsack aus 500 Metern hoch pumpen – das fühlt sich vermutlich genauso an.

Also anglerisch eher ein uninteressanter Fisch, zudem sein traniges Fleisch allenfalls als Hundefutter für nicht gerade verwöhnte grönländische Schlittenhunde taugt. Da er vor Norwegen auch relativ selten vorkommt, sollten wir ihn da lassen, wo er hingehört: In den Tiefen der See.

Falls Sie beim Tiefseeangeln doch mal einen zufällig fangen sollten, entfernen Sie den Haken noch an der Bordwand und lassen Sie den Fisch im Wasser. An Bord geholt, würden seine inneren Organe Schaden nehmen, da die Masse des Körpers diese zusammen drückt. Der norwegische Rekordeishai wog 775 Kilo und wurde 1987 im Beistadfjord gefangen.

Rote Riesen

Der große Rotbarsch, auch Goldbarsch genannt, (*Sebastes marinus*, norw. Uer) kann 30 Pfund erreichen, was nur wenige Norwegenangler wissen. Das sind Exemplare von über einem Meter Länge und einem biblischen Alter von 60 Jahren. Berufsfischer im hohen Norden fangen in extremen Tiefen solche roten Riesen. Vor allem an den Kanten des Schelfes (Festlandsockel) liegen die Fanggebiete.

Einige Angler haben damit begonnen, gezielt auf diese großen Roten zu angeln – mit Elektrorollen und über zwei Kilo Gewichten, um auf Tiefen von 800 Metern zu kommen. Unsere ersten Versuche dahin gehend brachten zwar Rotbarsche, aber wir kamen über Gewichte von zwei Kilo noch nicht hinaus.

Das größte Problem stellt der Wind dar: Es wird weit draußen in der offenen See geangelt und nur selten findet man dort dann Bedingungen vor, die ein Angeln in Tiefen bis 1000 Meter möglich machen. Im Tanafjord sollen Berufsfischer in Tiefen um 200 Meter regelmäßig große Rotbar-

··
■ Stattlicher Rotbarsch – gefangen vor Hitra.
Foto: Enrico Wyrwa
··

sche bis zu 20 Pfund in den Netzen haben. Der KUTTER&KÜSTE-Autor Michael Simon hatte dort selbst einen Rotbarsch von 16 Pfund zu Gesicht bekommen, den ein Berufsfischer gefangen hatte.

Wer also wirklich auf die roten Riesen gezielt fischen möchte, der muss in den hohen Norden Norwegens. Die besten Aussichten bestehen am Schelf in Wassertiefen zwischen 400 und 1000 Metern. Dort lebt auch der Tiefenrotbarsch (*Sebastes mentella*), der bis maximal 90 Zentimeter lang werden kann. Das häufig mit dem Goldbarsch verwechselte Blaumäulchen (*Helicolenus dactylopterus*) weist eine schwarzblaue Mundhöhle auf und wird bei maximal 45 Zentimetern Länge bis zu drei Pfund schwer. Der Kleine Rotbarsch (*Sebastes viviparus*, norw. Lysuer) wird nur 30 Zentimeter groß (meist kleiner) und anderthalb Pfund schwer. Er ist in großen Schwärmen in Tiefen ab 30 Meter anzutreffen.

Die Muschelknacker

Sie sind begehrte Beute der Norwegenangler: Steinbeißer, auch Seewolf oder Katfisch genannt. In Norwegen kommt vor allem der Gestreifte Steinbeißer vor (*Anarhichas lupus*, norw. Gråsteinbit). Daneben gibt's noch den Gefleckten (*Anarhichas minor*, norw. Flekksteinbit) sowie den Blauen Steinbeißer (*Anarhichas denticulatus*, norw. Blåsteinbit).

■ Gestreifter Steinbeißer.

Der Gestreifte Steinbeißer kommt häufig in ganz Norwegen vor, wenn die ergiebigsten Fanggründe auch in Nordnorwegen liegen. Regional gibt's aber auch in Süd- und Mittelnorwegen sehr gute Reviere (Romsdalfjord zum Beispiel). Er kann bis zu 20 Kilo schwer werden – der norwegische Rekord steht bei 17,6 Kilo (Saltstraumen, Mai 2000). Gestreifte von über 20 Pfund gelten als kapital.

Bei Gestreiften Steinbeißern verhält es sich mit dem Lebenszyklus genau andersherum als bei den meisten anderen Fischarten. Die größten Exemplare werden in der Regel flach (bis zu 10 Meter) und die kleineren eher tief gefangen. Das hat mit der Lebensweise der Fische zu tun. Der

Seewolf wächst in großen Tiefen auf und wandert jedes Jahr im zeitigen Frühjahr ins flachere Wasser, um seine Lieblingsspeise, Muscheln, zu verputzen. Die besten Muscheln leben aber eben im flacheren Wasser. Deshalb halten sich die größten Seewölfe in flacheren Gefilden auf, weil sie sich gegenüber den kleineren Wölfchen besser behaupten können.

Wer also gezielt auf kapitale Gestreifte angeln möchte, sollte dies in den Monaten April bis Ende Juni in der Nähe oder auf Muschelbänken in Wassertiefen zwischen 10 und 30 Metern tun. Top-Köder: Heilbutt-Jigger oder Pilker mit Fischfetzen. Ab Ende Juni, mit der Sommersonnenwende (21. Juni), beginnen die Steinbeißer sich so langsam wieder ins Tiefe zu verziehen, um dann im Winter zu laichen. Und im nächsten Jahr beginnt das Spiel von neuem.
Gefleckte Steinbeißer kommen in Norwegen eher selten vor – wenn überhaupt nur in Nordnorwegen. Sie werden größer, bis anderthalb Meter lang und über 30 Kilo schwer (norwegischer Rekord: 27,9 Kilo, Insel Vannøya, Mai 2000). Sie leben meist in größeren Tiefen ab 100 Metern.

Große Vorkommen gibt's vor Grönland und auch Island. Auf Reportage-Reisen nach Norwegen wurde mir schon so manches Mal im Vorfeld von Reiseveranstaltern erzählt, dass dort auch regelmäßig Gefleckte gefangen würden – bestätigt hat sich das aber leider noch nie. Ein gezieltes Beangeln von kapitalen Gefleckten in Norwegen halte ich für kaum machbar.

Der in der Fachliteratur auftauchende Blaue Steinbeißer stellt so ein bisschen ein Phantom dar. Ich persönlich habe weder jemals einen gesehen, noch habe ich eine Fangmeldung erhalten. Selbst die norwegische Rekordliste weist keinen Eintrag bei dieser Fischart auf. Dabei soll dieser Fisch, der einfarbig Blauschwarz mit blassen Seitenflecken daher kommen soll, laut Bestimmungsbüchern an der gesamten norwegischen Küste in Wassertiefen zwischen 60 und 900 Metern leben. Immerhin knapp anderthalb Meter soll er lang werden.

Anders als beim Gestreiften oder Gefleckten, deren Fleisch als Delikatesse gilt, soll das Fleisch des Blauen wässrig und weich sein. Trotzdem: Wer einen schwabbeligen, blauschwarzen, blass befleckten Steinbeißer fängt, Foto und Fangdaten bitte an mich (info@rainerkorn.de).

Wenn der Teufel kommt

Er zählt ebenfalls in der Küche zu den Top-Fischen: der Seeteufel (*Lophius piscatorius*, norw. Breiflabb).

Der auch Anglerfisch genannte Geselle mit dem Riesenmaul kann bis zu 200 (!) Pfund schwer werden (norwegischer Rekord: 57,5 Kilo, Fuglsetfjord, April 1996). Also auch ein echtes Schwergewicht unter den norwegischen Fischarten.

Warum er kein eigenes Kapitel in diesem Buch erhält, ist schnell erklärt: Er ist nicht gezielt zu beangeln und Kapitale erst recht nicht. Dennoch möchte an dieser Stelle meinen Freund Enrico Wyrwa aus Hitra zu Wort kommen lassen, der 365 Tage vor Ort als Guide und Betreuer arbeitet und der einmal seine gesammelten Erkenntnisse über den Seeteufel und seinen Fang zusammen geschrieben hat:

»Vom Fang eines Seeteufels träumen wahrscheinlich alle angelnden Norwegenfahrer. Und die, welche sich diesen Traum erfüllen konnten, schwärmen ihr Leben lang davon. Das Teufelchen ist nun mal einer der leckersten aber zugleich auch unheimlichsten Fische der norwegischen Küstengewässer.

Der Drill ist eher unspektakulär; meist entpuppen sich angebliche Hänger und das anschließende Hochpumpen von „Dreck" als eben dieser sehr angenehme Beifang. Fast immer kommen sie mit weit aufgerissenem

■ Seeteufel von 1,50 Meter Länge und 34 Kilo, gefangen von Nicole Angilletta und Christian Tobies aus Gelsenkirchen vor Halsnoy.

Maul an die Oberfläche und lassen während des Drills einfach nur das Wasser durchlaufen, wie ein nasser, undichter Sack eben.

Auch wenn ich ständig vor Ort bin, mein Geld mit Angeln verdiene und somit sehr viel experimentieren kann, so ist der Fang eines Teufels auch für mich noch immer ein Highlight und ich kann nicht behaupten, dass ich den Seeteufel mittlerweile gezielt beangeln könnte.

Um Hitra ist der Seeteufel sehr häufig, dennoch will ich die Erwartungen auf den Fang eines Seeteufels etwas dämpfen. Unsere Fischer haben beispielsweise 15 Kilometer Netz insgesamt (jeder), jedes einzelne Netz ist 50 Meter lang und darf über drei Tage dauerhaft im Wasser stehen. Nach Aussage der Fischer ist es gut, wenn dann in jedem Netz ein oder zwei Tiere gefangen werden.

Im Sommerhalbjahr habe ich schon Seeteufel zwischen 10 und 200 Meter Tiefe gefangen, die Regeltiefe liegt wahrscheinlich zwischen 50 und 130 Meter. Zumindest gelingen in diesen Tiefen die häufigsten Fänge und auch unsere Berufsfischer setzen ihre Netze im Sommer nicht tiefer. Aber wie gesagt, auch flacher bestehen gute Chancen. Unsere Tauchgäste sichten (und erbeuten) sie immer wieder sehr flach und auch ich habe schon drei Seeteufel auf Sicht in unserem Hafenbecken gefangen, der schwerste immerhin wog 22 Pfund! Aber das ist eher die Ausnahme, meistens liegen die flach gefangenen Teufelchen so um drei Kilo.

Im Winter halten sich die Teufel fast ausschließlich im Tiefen auf. Mögliche Erklärungen: Ich selbst habe noch keinen Seeteufel im Winter gefangen. Außerdem nutzen unsere Berufsfischer im Winter nur etwa ein Drittel ihrer Netze, setzen diese jenseits von 250 Metern (bis 450 Meter) und fangen trotzdem die gleiche Menge wie im Sommer. Was folgt daraus für uns? Ganz einfach: Im Frühjahr gezielt die Kanten von großräumigen, tiefen Löchern befischen, denn jetzt wandern sie (sofern man bei diesem Fisch vom Wandern sprechen kann) in flachere Gefilde.

Ein weiterer Aspekt ist die Grundbeschaffenheit. Ich selbst habe schon auf Sand und Geröll, auf Ebenen und an Kanten gefangen. Wichtig ist scheinbar nur, dass es sich um „sauberen" Untergrund handelt (was auch immer die Fischer damit meinen). Wahrscheinlich ist hoher Pflanzenbewuchs völlig ungeeignet, wenn man sich mal das Jagdverhalten der Teufel vor Augen hält. Auch Schlammboden ist wahrscheinlich nicht erste Wahl, da hier unter anderem der Futterfisch fehlt.

So jagt er – so jagen wir ihn

Der Seeteufel ist ein ausschließlicher Lauerjäger, soll bedeuten, er wartet auf seine Beute und schnappt aus dem Hinterhalt zu. Er hat sogar eine raffinierte Jagd-Technik entwickelt – nämlich das Anlocken von Beute mit seiner „Angel". Aber das ist sicherlich hinlänglich bekannt und bedarf keiner weiteren Erörterungen, auch heißt er nicht umsonst mit anderem Namen Anglerfisch.

Den Biss kann man eigentlich schon wirklich als Glück bezeichnen. Jeder meiner im Hafenbecken erbeuteten Seeteufel (immerhin drei) biss erst, nachdem ich den Pilker gezielt vom Boot aus genau in Reichweite seiner „Antenne" platzierte. Jeder vorangegangene Anwurf, ob einen halben Meter rechts oder links vorbei, Präsentation von ruhenden Fetzenködern und so weiter blieb erfolglos. Da ist das zufällige Reißen eines Teufels wahrscheinlicher, als das dieser den Köder verfolgt.

Ansonsten habe ich keinerlei Vorzüge hinsichtlich Pilker oder Naturköder feststellen können. Wichtig war meistens ruhiges Wetter und gezielte Präsentation am Grund, teilweise wurde der Köder für Sekunden liegen gelassen. Auch beim Pilken führte das öfter zum Erfolg: zwei oder drei harte Aufschläge (Abklopfen des Grundes) und anschließend eine kurze Ruhephase des Köders am Grund. Bei einem Großlengguiding beispielsweise hatte ich einen relativ unerfahrenen Kunden mit auf dem Boot. Er angelte permanent mit weit hinterher laufendem Köder, dass heißt der Köder lag häufig lange Zeit ruhig am Grund. Dieser Gast fing drei Seeteufel an diesem Tag. Da war sicher sehr viel Glück mit im Spiel, aber so ein bisschen kann man daraus ganz sicher an Erkenntnissen ziehen. Aber hier geht sicher auch Probieren über Studieren.

Groß und klein

Beim Thema Größe werfen sich für mich die meisten Fragen auf. Mit der Angel werden größtenteils Exemplare zwischen zwei und sechs Kilo gefangen. Nun könnte man meinen, das liegt an der Angeltiefe. Vielleicht stehen die größeren Tiere ja tiefer. Aber weit gefehlt. Zumindest hier um Hitra fischen Angler und Berufsfischer die gleichen Bereiche. Und die Fischer fangen zu 80 Prozent Exemplare zwischen acht und zwölf Kilo! Wieso? Und warum fangen wir (Angler und Fischer) so selten Tiere, die noch größer sind?

Der norwegische Rekord mit der Angel liegt bei über 57 Kilo, ich selbst habe bei unserem Fischer einen Seeteufel von 70 Kilo gesehen. Amtlich verbürgt ist wohl ein Seeteufel von 89 Kilo, gefangen von einem Fischer vor Titran auf Frøya! Bedenkt man mal, dass erst seit ungefähr acht bis zehn Jahren zumindest hier mit Stellnetzen kommerziell auf Seeteufel gefischt wird, dann stimmt die Alterspyramide überhaupt nicht. Wenn diese Tiere bis 90 Kilo schwer werden, wo sind die ganzen Großen? Es wird doch erst seit 10 Jahren gefischt, es müsste mehr als genug ausgewachsene Tiere geben.

Eine teilweise Erklärung bietet die verwendete Maschenweite der Fischernetze: Wahrscheinlich ist diese genau passend für die Fische von acht bis zwölf Kilo. Die größeren schwimmen dagegen und drehen wieder um, ohne sich zu verhängen. Das passt auch dazu, dass regelmäßig Heilbutte zwischen 20 und 30 Kilo gefangen werden. Größere nur sehr selten, dann schon eher mit der Langleine. Der Angler wird einen 60- oder 70-Kilo-Seeteufel wahrscheinlich eher als Hänger identifizieren, da das Drillverhalten, wie schon geschrieben, eigentlich zu wünschen übrig lässt.«

Enrico Wyrwa; Mailkontakt: enrico@hitra.com

Dornhai & Rochen

Haie und Rochen sind ja eng verwandt, also packe ich sie mal zusammen in diesen Abschnitt. Neben dem Eishai ist anglerisch nur noch der Dornhai (*Squalus acanthias*, norw. Pigghå) interessant. Der amtliche Rekord liegt bei 16,4 Pfund (Tananger, August 1973). Mein Freund Basti Rose konnte allerdings schon einmal einen exakt 20 Pfund schweren Dornhai an Bord holen, als wir in 90 Metern Tiefe über Sandgrund auf Heilbutt fischten.

Sonst haben wir niemals wieder einen solchen großen Dornhai fangen können. Elf- oder zwölfpfündige Fische kommen häufiger mal vor – meist beim Angeln auf Heilbutt. Denn diese Sandflächen scheinen auch Dornhaie klasse zu finden. Was uns dann ärgert, denn Dornhaie treten meist mit der ganzen Verwandtschaft auf und klauen die für Heilbutt gedachten Köder gleich reihenweise.

Im Sommer können Sie Dornhaie sogar extrem flach antreffen, wir fischten sie einmal im August in zehn Metern Wassertiefe mit der Fliegenrute!

■ Dornhai von 20 Pfund.

Im flachen Wasser und an leichtem Gerät gefangen, entwickeln die ansonsten eher trägen Fische plötzlich richtiggehende Kampfkräfte und bieten spektakuläre Drills – teilweise sogar mit Sprüngen aus dem Wasser! Ansonsten fällt der Fang von Dornhaien nicht schwer: Wenn sie da sind, stürzen sie sich auf jeden Naturköder, der herumliegt. Auf Kunstköder wie Pilker gehen sie seltener.

Rochen werden in verschiedenen Gebieten Norwegens regelmäßig, wenn auch nicht häufig gefangen. Die meisten gehen beim Grundangeln auf Leng & Co. an die Haken der Naturköderangler. In Norwegen gibt's verschiedene Rochenarten: den Glattrochen (*Raja batis*, norw. Storskate), der größte der vorkommenden Rochen – er kann über 200 Pfund schwer werden und bis knapp drei Meter lang.

Doch sein Fang gelingt sehr selten; auch der norwegische Rekord mit 52

■ Glattrochen aus dem Bjørnafjord.

Pfund ist weit von der maximal möglichen Größe entfernt. Der von Anglern am häufigsten erbeutete Rochen ist wohl eher der Spitzrochen (*Raja oxyrinchus*, norw. Spisskate). Auch er kann anderthalb Meter lang werden und bis zu 100 Pfund auf die Waage bringen, doch die meisten mit der Angel gefangenen Tiere wiegen zwischen zehn und 20 Pfund (norwegischer Rekord: 13,95 Kilo, Bømlofjord, September 2005).

Der Nagelrochen (*Raja clavata*, norw. Piggskate) wird ebenfalls in der norwegischen Rekordliste geführt (8,55 Kilo, äußerer Oslofjord, August 1987). Daneben sollen in ganz Norwegen noch der Chagrinrochen (*Raja fullonica*) sowie der Fyllarochen (*Raja fyllae*) und der Sternrochen (*Raja radiata*) vorkommen. Alle drei Arten sind anglerisch uninteressant und selten.

Da biste platt

Die Familie der Plattfische in Norwegen ist recht groß. Für Großfischjäger sind neben dem bereits ausführlich besprochenen Weißen Heilbutt zwei Arten interessant: die Scholle (*Pleuronectis platessa*, norw. Rødspette), die hier über 10 Pfund schwer wird und der Schwarze Heilbutt (*Reinhardtius hippoglossoides*, norw. Blåkveite), der relativ selten vorkommt, in größeren Tiefen als sein weißer Verwandter lebt und mit maximal 120 Zentimeter Länge bei 60 Pfund lange nicht so groß wird.

Die Blindseite des Schwarzen Heilbuttes ist dunkel – deshalb der Name. In Wassertiefen ab 200 Metern können Sie mit dieser Buttart rechnen, vor allem am Schelfabhang in Nordwestnorwegen. Die norwegische Rekordliste führt ein Fisch von 5,82 Kilo an (Mulegga bei Tromsø, Juli 2002). Anders als beim Pazifischen Schwarzen Heilbutt soll das Fleisch von ähnlich guter Qualität sein, wie das des Weißen Heilbuttes. Die kommerziellen Hauptfanggebiete des Schwarzen Buttes sind Island und Grönland.

Die Scholle wird dagegen häufiger von Anglern in Norwegen in Größen gefangen, von denen Ostseeangler nur träumen können. Als Rekordscholle wird ein Fisch von 5,18 Kilo geführt (Skillefjord, September 1990). Schollen von fünf, sechs Pfund gehen Grundanglern regelmäßig an die Haken. Kapitale Schollen können Sie in ganz Norwegen fangen. Dabei sollte über Sandgrund gefischt werden. Vor allem auch Brandungs- und andere Uferanglern gelingen immer wieder sehr schöne Fänge. Bis zu einem Meter Länge kann der Goldbutt erreichen und wiegt dann um die 15 Pfund!

■ Gewaltige Scholle von über fünf Pfund, gefangen von Torben Bloessey.

Steinbutte (*Psetta maxima*, norw. Piggvar) sind in Norwegen extrem selten und kommen, wenn überhaupt, nur bis Mittelnorwegen vor. Der norwegische Rekordfisch stammt bereits aus dem Jahr 1978 und wog 26,4 Pfund. Bei einem Meter Länge können Steinbutte Gewichte bis zu 50 Pfund erreichen.

■ Selten in Norwegen: Steinbutt.

Schelli & Hecht

Was wie die Anwaltskanzlei in einer TV-Serie klingt, sind zwei Fischarten, die Großfischexperten eher selten auf der Rolle haben: zum einen den Schellfisch (*Melanogrammus aeglefinus*, norw. Hyse), zum anderen den Seehecht (*Merluccius merluccius*, norw. Lysing). Kapitale Schellfische gehen eher auf Pilker und Gummifisch, da ihre Hauptnahrung aus Fisch besteht – kleinere Schellfische bevorzugen dagegen Weichtiere, Würmer und Schlangensterne und werden besser mit Naturköder gefangen.

Der bestehende Rekord wurde von einem deutschen Angler im Bjørna-fjord im März 2003 aufgestellt: ein echter Brummer von 14,8 Pfund (Bild siehe Kapitel Anhang/Rekorde). Die Literatur gibt sogar ein Maximalgewicht von 28 Pfund für den Schelli an (Länge 100 Zentimeter). Große Schellfische rauben meist etwas über Grund und schließen sich auch Schulen von Pollacks an.

Der Seehecht ist ein saisonaler Fisch in Norwegen und wird vor allem im Sommer und Herbst in Mittel- und Südnorwegen gefangen.

Einige Angler haben sich auf den sehr leckeren Fisch spezialisiert, der allerdings schwer gezielt zu beangeln ist. Selbst deutsche Fischführer, die schon viele Jahre in Norwegen leben, tun sich damit schwer. Wichtigstes Kriterium ist das Wissen um sein Aufenthaltsort. Seehechte besuchen im Sommer immer wieder dieselben Reviere. Wer also einmal auf sie gestoßen ist, sollte sich den Platz und die Zeit gut merken. Gezielt wird der Seehecht oft weit über Grund in tieferem Wasser mit Paternoster-montagen und Fischfetzen überlistet. Große Exemplare des bis zu 30 Pfund schweren Fisches gehen auch auf Pilker und Gummimakks. Den norwegischen Rekord für Seehecht hält der Deutsche Hans-Jürgen Kopf mit einem Fisch von 11,8 Kilo (Fuglsetfjord, Mai 2005).

■ Michael Janke mit Seehecht.

Nachgehakt

In diesem Buch geben ich und einige weitere erfahrene Norwegenangler sehr viele Tipps, wie auch Sie an die dicken Dinger kommen können. Ich habe versucht, möglichst viel Wert auf die Praxis zu legen, denn ein wenig Rüstzeug muss sein, wenn Fänge großer Fische bei Ihnen keine Zufälle sein sollen. Bei einigen Faktoren habe ich mich bewusst etwas zurück gehalten, einfach deswegen, weil es meines Wissens dazu keine wirklich gesicherten Erkenntnisse gibt. Dazu zählen auch so wichtige Faktoren wie Ebbe und Flut, also der Wechsel der Gezeiten, der Einfluss des Mondes sowie des Wetters – hier vor allem des Luftdrucks.

Die Gezeiten

Zu Beginn der Norwegenangelei stand für die »Experten« fest: Auflaufendes Wasser bringt den Fisch. Bei ablaufendem Wasser brauchst du gar nicht erst raus zu fahren. Wir haben unter Experten dieses Thema die vergangenen Jahre immer wieder diskutiert und festgestellt, dass es sich so nicht einfach verallgemeinern lässt. Nicht alle Fischarten reagieren gleich auf den Wechsel der Gezeiten und auch in verschiedenen Revieren haben Ebbe und Flut unterschiedlichen Einfluss auf das Beißverhalten der Schuppenträger.

So lässt sich sagen, dass das Beißverhalten in Revieren, je tiefer sie ins Land reichen (Fjorde), umso stärker von der Tide gesteuert wird. Im offenen Meer dagegen spielt die Tide keine so große Rolle. Einzig stehendes Wasser beim Übergang zwischen Ebbe und Flut (Stauhoch- und niedrigwasser) ist ein echter Appetitkiller für fast alle Fischarten – lediglich den Heilbutt können Sie bei solchen ruhenden Phasen sehr erfolgreich beangeln – und Haie (die aber kaum einer will). Alle anderen Arten wie Seelachs, Pollack, Dorsch, Leng und Lumb brauchen Strom, um auf Touren zu kommen.

Wir haben aber auch schon beim Spinnfischen auf Pollack festgestellt, dass ablaufendes Wasser die Fische in Beißlaune versetzte, und als das – angeblich so fängige – auflaufende Wasser einsetzte, war Schluss mit der Beißerei. Das haben wir gerade beim Pollack häufig erlebt. Sie sehen, es gibt beim Thema »Einfluss der Tide auf den Fangerfolg« keine starren Regeln für alle Zeiten.

Ich tendiere mittlerweile dazu, den Tideplan auch einfach mal beiseite zu legen und angeln zu fahren. Denn nur der Köder im Wasser fängt! Und diese Regel ist unumstößlich die wichtigste nicht nur bei der Jagd auf den Riesenfisch. Sie gilt immer – in jedem Revier. Das bringt mich auf einen weiteren Punkt, den Sie beherzigen sollten, wenn's auf Großfisch geht. Sie fahren fischen – und fahren nicht, um zu fahren! Im Klartext: Reduzieren Sie das Boot fahren auf die Strecken, die Sie an die Angelplätze bringen. Entscheiden Sie sich dafür, ein paar beieinander liegende Plätze, die Sie im Voraus ausgeguckt haben, den ganzen Tag zu beangeln. Wenn's nach vier Stunden dort noch immer nicht läuft, weiter angeln!

■ Ein schnelles Boot bringt einen auch schneller zum Angelplatz

Denn fast alle Fischarten haben ihre täglichen Beißphasen, die Sie mitnehmen sollten, um Erfolg zu haben. Und wenn Sie zu viel Boot fahren, dann ist die Wahrscheinlichkeit zu groß, dass Sie diese heiße Zeit verfahren und dann gerade nicht angeln, wenn die Fische in ihrer kurzen Gier auch auf eine alte Schuhsohle beißen würden.

Der Mond

Hübsch sieht er aus, der volle Mond am Himmel – er bestimmt Ebbe und Flut durch seine Anziehungskraft. Entscheidet er aber auch direkt, ob die Fische beißen oder nicht? Unsere Vorfahren waren sich sicher, dass der Mond diesen Einfluss hat. Sämtliche auch heute noch gebräuchlichen Beißzeitkalender richten sich in erster Linie nach dem Stand des Mondes.

Generell gilt der zunehmende Mond als die bessere Fangzeit im norwegischen Meer, weil der Tidehub größer wird, mehr Wasser dadurch bewegt und so mehr Futter in Umlauf gebracht wird. Das Mehr an Bewegung bringt also in der Regel auch mehr Fisch an die Haken. Doch das gilt nicht immer und nicht in jedem Revier. Auch hier gilt also im Zweifel die Regel Nummer 1: Nur der Köder im Wasser fängt! Und abnehmender Mond bedeutet nicht automatisch eine schlechte Fischerei.

Für das Meeresangeln in Norwegen wurde der Zusammenhang zwischen dem Erfolg beim Fischen und dem Mondstand noch nicht genau untersucht, so dass man wirklich aussagekräftige und vor allem wahre Ergebnisse vermelden könnte. Eine schöne Aufgabe für jemanden, der Spaß an Recherche und Detektivarbeit hat: Die besonderen Fänge (große Einzelfische und gute Wochen mit sensationellen Fängen) einmal zu recherchieren und dabei den jeweiligen Stand des Mondes damit in Beziehung zu setzen – das wär´s. Auch ich wäre gespannt auf das Ergebnis.

Wind & Wetter

Der starke Wind ist der natürliche Feind des Norwegenanglers. Auch diese Regel ist fest und unumstößlich. Während ich diese Zeilen gerade schreibe, schlägt ein heftiger Wind Schauerböen über den herbstlichen Bjørnafjord – es macht nicht einmal Spaß, vor die Tür zu gehen, geschweige denn aufs Wasser zu fahren! Wie aber sieht's mit dem Einfluss des Wetters aus?

Ich glaube, dass es für die Fische weniger etwas bedeutet, ob die Sonne scheint oder Regentropfen aufs Wasser plätschern. Sonne, Regen, Wolken: All diese Faktoren haben keinen großen Einfluss aufs Beißverhalten. Anders verhält es sich mit dem Luftdruck. Dieser Faktor wurde bei der

Meeresangelei meines Erachtens zu lange außer Acht gelassen. Ich weiß zum Beispiel von einer Hecht-Anglergruppe aus Süddeutschland, dass ihre Mitglieder nur nach dem Barometer angeln. Sie können anhand der Luftdruckentwicklung auf den Tag genau sagen, wann die Räuber mit den Entenschnäbeln beißen oder nicht. Solche Erfahrungen gibt's fürs riesige Norwegen mit seinem unglaublichen Wasser- und Fischreichtum noch nicht, aber Tendenzen lassen sich schon feststellen.

So können Sie sicher sein, dass stark schwankender Luftdruck, etwa durch den raschen Wechsel von Hoch- und Tiefdruckgebieten verursacht, der reinste Appetitzügler für Fische darstellt. Auch sehr niedriger Luftdruck scheint den Fischen die Mäuler zu vernageln. Die besten Bedingungen zum Fische fangen bilden stabile Wetterlagen mit wenig wechselndem Luftdruck, wobei ein moderater Tief- oder Hochdruck optimale Voraussetzungen bietet.

Aber vergessen Sie nicht die Regel Nummer 1, die da lautet: Nur der Köder im Wasser fängt! Deshalb werde ich jetzt zum Abschluss des Buchs, wenn ich mit meiner Danksagung an Freunde und Helfer fertig bin, trotz Tiefdruck und Dauerregen (und ablaufendem Wasser) die Spinnangel schnappen und hier am Bjørnafjord den Blinker auswerfen. Denn vorhin, bei einem Blick aufs Wasser, sah ich einen gut zehnpfündigen Lachs springen. Und wo einer ist, da sind mehrere, hat mir Michael Naunheim, Betreuer der Anlage Sjø og Fritid auf der Insel Tysnes, verraten. Die Gruppe letzte Woche hatte direkt vom Anlagensteg drei schöne Lachse bis zu 23 Pfund erwischt. Es regnete, stürmte und der Luftdruck war im Keller – doch der Köder, der war im Wasser, als der Lachs kam ...

■ Welchen Einfluss Wetter und Mond auf den Fangerfolg haben, ist noch nicht weit reichend erforscht.

Danksagung

Ich möchte mich bei einigen Freunden und Helfern bedanken, ohne deren Unterstützung dieses Buch so nicht entstanden wäre.

Bei meinem Freund und Angelkollegen **Basti Rose**, der einige schöne Bilder beisteuerte und mit dem zusammen ich wertvolle Erkenntnisse auf unzähligen Norwegentouren sammelte. Bei **Enrico Wyrwa** und **Andreas Veltrup** für ihr Wissen, das ich nutzen konnte. Bei meinem Freund **Michael** »**Quacki**« **Quack**, eine Seele von Mensch, mit dem ich die ultra leichte Pollackangelei auf die Spitze trieb (und hoffentlich noch oft treibe). Bei dem Müller Rüschlikon-Verlagslektor für Angeln, **Frank Weissert**, für die unkomplizierte und professionelle Zusammenarbeit. Ein großer Dank geht an meinen alten Seebären und Kumpel **Michael Janke**, der seit einer halben Ewigkeit auf Helgoland lebt, mit dem ich zahlreiche Angeltrips weltweit unternommen habe. Michael Janke arbeitet bei der Meeresbiologischen Anstalt des Albrecht-Wegner-Instituts auf der Nordseeinsel und beschäftigt sich quasi auch beruflich mit dem Getier der Meere. Michael hat die »So lebt und liebt er«-Abschnitte, die sich mit der Biologie der Fische beschäftigen, für dieses Buch geschrieben.

Danken möchte ich auch meiner Frau **Stephi** und meinen Kindern **Jonas** und **Milan**, die manche Woche auf ihren Mann und Papa verzichten müssen, weil dieser wieder auf der Jagd nach Fisch, Fang und Foto im wunderschönen Norwegen ist.

■ Sohn Jonas, dem ich dieses Buch widme, eifert seinem Vater schon mit Erfolg nach.

■ Michael Janke versteht sich nicht auf Fische, sondern auch aufs Fisch wie dieser Fang, eine große Meerfo aus dem Skjerstadfjord, zeigt. Geb hatte sie ungewöhnlicherweise auf einen Twister!

Norwegische Rekorde

Dt. Name	Norw. Name	Gewicht in kg	Fänger	Ort	Datum
Blauleng	Blålange	16,05	Ølvind Braa	Trondheim-fjord	27.11.1993
Seeteufel	Breiflabb	57,50	Gunnar Thorsteinsen	Fuglsetfjord	07.04.1996
Lumb	Brosme	16,30	Fredrik Amdal	Langesund	26.04.1998
Gefleckter Steinbeißer	Flekk-steinbit	27,90	Kolbjørn Melien	Vannøya	29.05.2000
Gestreifter Steinbeißer	Gråstein-bit	17,60	Imre Nagy	Saltstraumen	20.05.2000
Meeraal/ Conger	Havål	17,00	Jan Harry Aasen	Hjørundfjord	19.10.1991
Schellfisch	Hyse	7,41	Harald Lüdecke	Tysnes	15.03.2005
Eishai	Håkjerring	775,00	Terje Nordtvedt	Beistadfjord	18.10.1987
Heilbutt	Kveite	190,00	Thomas Bøge Nielsen	Vannøya	28.07.2004
Leng	Lange	40,00	Bernd Blättrich	Frøyfjord	Mai 2007
Pollack	Lyr	12,8	Espen Hamborg	Hurum	28.09.2001
Seehecht	Lysing	11,8	Hans-Jürgen Kopf	Fuglsetfjord	29.05.2006
Dornhai	Pigghå	8,20	Hildur Reinert-sen	Tananger	07.08.1973
Stachelrochen	Piggskate	8,55	Bjørn Strand	Ytre Oslofjord	22.08.1987
Steinbutt	Piggvar	13,20	Anders Mik-kelsen	Svelvik	07.01.1978
Scholle	Rødspette	5,18	Helmer Brokvam	Skillefjord	25.09.1990
Seelachs	Sei	22,70	Thor-Magnus Lekang	Saltstraumen	30.11.1995
Hering	Sild	0,72	Terje Eriksen	Lofoten	19.07.1977
Spitzrochen	Spisskate	13,95	Odd Arve Gunderstad	Bømlofjord	24.09.2005
Glattrochen	Storskate	26,20	Sonny Anders-son	Stavern	19.04.1986
Dorsch	Torsk	37,50	Geir Henriksen	Sørøya	20.03.1992
Rotbarsch	Uer	8,60	Ulf Larsson	Gamlemban-ken (Nord-land)	04.09.2004

Dies ist ein Auszug aus der offiziellen Rekordliste für Fänge in Norwegen (Stand: 25.08.2007). Sie wird von der Zeitschrift »Villmarks Liv« geführt. Auf der Internetseite gibt's auch Informationen dazu, was Sie beachten müssen, wenn Sie einen Rekord anmelden möchten (www.villmarksliv.no).

Anders als etwa in Dänemark, wo nur dänische Staatsbürger einen Rekord anmelden dürfen, gilt für Norwegen einzig das Fangland – eben Norwegen. Deshalb sind auch deutsche Angler in dieser ewigen Rekordliste vertreten, zum Beispiel Harald Lüdecke mit seinem knapp 15pfündigen Schellfisch aus dem Bjørnafjord bei Bergen. Oder Hans-Jürgen Kopf mit einem Seehecht von beachtlichen 23,6 Pfund.

Einige Rekorde dürften wohl bald fallen, wie der Seelachsrekord von 45 Pfund, an dem schon oft gekratzt wurde. Ich tippe darauf, dass Angler, die auf dem berühmten Ørneklakken vor Hitra fischen, diesen Rekord knacken werden. Denn hier waren schon einige Fische dicht dran. Ebenso der Pollackrekord von 25,6 Pfund ist zu schlagen, auch wenn das schon ein wirklich gewaltiger Pollack ist.

Der Conger-Rekord steht bei 34 Pfund – im Romsdalfjord wurde aber 2004 ein 70pfünder von einem deutschen Angler erlegt. Er wurde allerdings nicht angemeldet. Auch der Lumbrekord von 32,6 Pfund dürfte angesichts der intensivierten Tiefseeangelei nicht mehr lange Bestand haben. Der 80-Pfund-Leng des deutschen Anglers Bernd Blättrich, den dieser im Frühjahr 2007 vor der Insel Dolmøy bei Hitra landen konnte, wird als neuer Rekordleng geführt werden – erst ein Jahr zuvor hatte der schwedische Angler Jörgen Larsson noch mit einem 39-Kilo-Leng den 15 Jahre alten Rekord übertroffen.

Rekorde, die wohl eher nur schwer zu überbieten sind: der gigantische 775-Kilo-Eishai – dieser führt seit 1987 die Liste an, und ein 380-Pfund-Heilbutt von der Insel Vannøya (2004).

■ Der Schellfischrekord von Harald Lüdecke aus dem Bjørnafjord.

■ Der Rekordleng von exakt 80 Pfund wurde im Frühjahr 2007 vor
Hitra von Bernd Blättrich (im Bild links) gefangen.
Foto: Reiner Niese